1か月に1回
物を動かせば
家はキレイになる

苦手な
人のための
新津流
掃除&片付け
入門

新津春子

ポプラ社

はじめに

自分にやさしくしていますか？
鏡を見てみてください。鏡に映った自分に、笑顔になれますか？
自分の心が、いつもスマイルであることが大事です。

家は、毎日あなたが戻ってくる場所、もっとも自分に向き合える大切な場所。あなたのお城です。そのお城が散らかって汚れていたら、ほっとくつろぐことができません。これから何かをやろうとする元気もなくなってしまいますし、あなたの心のスマイルを守ることができません。

掃除や片付けが嫌いな人、なかなか時間が取れない人、何もわからないまま一人暮らしを始めることになったという人でも大丈夫。今できることを少しやってみることで、新しい自分をスタートさせることができます。

私は高校生の時から清掃の仕事をしていますが、自分が暮らす家の掃除や片付けは、ずっと家族にしてもらっていました。そのため、社会人になって一人暮らしを始めた時、とても戸惑いました。働きながら、いつどのように自分の家のことに取り組んだらいいのかわからず、困ってしまったのです。

それでも、簡単なルールをつくり、それを守って、できる範囲で進めていくことによって、自分の家を心も体もくつろげる場所にしていくことができました。

この本の中には、私が失敗しながら自分の経験を通して知ったこと、学んだことがたくさん入っています。

とくに以前の私のような一人暮らしの人、具体的には「若手社会人」「仕事が忙しい独身の人」「高齢で一人になった人」などに、掃除や片付けが苦手な人が多い印象です。本書では、これらの人に向けての内容を中心に、掃除や片付けに悩んでいる人なら誰でも参考にしてもらえるようにまとめています。

掃除と片付けで、心のスマイルがうまれる素敵なお城をつくっていきましょう。

序章 家が汚いからなんとかしたいと思っているあなたへ

第1章 新津流 掃除や片付けの考え方

第2章 何から始めたらいいのかわからない人のための掃除の基本

第3章

苦手で面倒くさがりな人のための掃除法

カバーデザイン　守屋圭
本文デザイン・図版作成　松好那名（matt's work）
編集協力　黒須しのぶ

序章

家が汚いから
なんとかしたいと
思っているあなたへ

1

なぜ家が汚くなるのか

家の掃除や片付け、やったほうがいいとは思っても、つい後回しになって、気がつくと汚れがたまっていませんか。

学生や社会人になりたての若い人は、やり方がわからなかったり、やってみてもうまくいかなかったり、働きざかりの人は、忙しくて時間の余裕がなかったり、疲れ切ってしまっていたりします。それまで同居していた家族やパートナーを失って一人暮らしを始めた人も、戸惑うことが多いと思います。

「どうしたらいいのかわからないまま過ごしているうちに、家が汚くなってしまった」という人が多いのではないでしょうか。

家が汚くなる理由の多くは「なんとなく」なのです。

なぜ家が汚くなるのか

■学生や社会人になりたての人の場合

➡ やり方がわからない

■働きざかりの人の場合

➡ 時間の余裕がない

どうしたらよいのかわからないまま

なんとなく 汚くなってしまう

2

家が汚いままだと、どうなるか

汚れをそのままにしていると、においが出てきます。雑菌が増え、不衛生な環境によって体調を崩してしまったり、精神的にも前向きな気持ちが持ちづらくなったりしています。部屋が汚ければ、自宅でテレワークをする時に集中できない、休みの日もくつろげなくて疲れが取れない、といったことも起きてくるでしょう。

メイクも服装もキレイにして出かけるけれど、家の中は汚い、という人がいます。家が汚れていたところで「ほかの人には見えないから大丈夫」と思っていても、気づかないうちに、汚れが服についたり虫食いができたりして、表に出てしまうものです。

また、汚れた状態をそのままにしていると、周囲の人にも迷惑をかけてしまいます。家に出入りするたび、においは外へ流れていきますし、ネズミやゴキブリが発生すれば、近所にも影響が及びます。

万が一、自分が病気になったりケガをしたりした場合は、ほかの人に力を借りなければなりません。そのような時に家の中が汚れて散らかった状態では、さらに対処を困難にさせてしまうでしょう。

3

なぜ、掃除・片付けをしないといけないか

掃除や片付けをしなければ、清潔な状態を保てず、健康な生活を送ることができません。「掃除が嫌い」「片付けが苦手」という人も、少しずつ取り組んでいくことが大事です。

掃除や片付けをすることで得られるのは、健康だけではありません。生きるうえでとても大切な、自分にとって過ごしやすい、安心できる空間をつくることができます。落ち着いてやりたいことを考えたり、大切な人を思ったり、集中して何かに取り組んだり――。いろいろなことができる空間を持てるようになります。

また、自分のために掃除や片付けができるようになると、一緒に暮らしたいパートナーや家族ができた時に、相手のためにそれをしてあげられるようになります。

私の場合は結婚願望が強かったので、独身の時は結婚前の練習のつもりで家の掃除をしていました。

一人暮らしをしていくなかで、「これから自分がどのように暮らしていきたいか」ということも見えてくると思います。それによって、家の中の設計図が変わってきます。

例えば、この先もずっと一人暮らしを続けていきたいという人の場合、その人の人生のこだわりが仕事なのか趣味なのかによって、家の中の設計図は違ってきます。仕事を頑張る人は仕事に集中できる空間を、趣味に力を入れたい人はその趣味に合わせた空間をつくっていきます。趣味がサイクリングの人だったら、家の中の一室や一角を、サイクリングの準備や道具のメンテナンスに没頭できる場として整え、関連する用品や資料を使いやすいように置きます。

時間の経過とともにさまざまな人生の節目が訪れて、その生活スタイルもまた変わっていきます。年齢を重ねて60代を過ぎれば、仕事が一段落したり、趣味も変わったりしていくでしょう。その時々の自分の変化にそって、家の中の設計図も変えていきます。

その空間づくりに、掃除や片付けは不可欠なのです。

なぜ掃除・片付けをしないといけないか

自分の変化によって家の中の設計図を変えるため

例 一人暮らしの場合

■趣味のための家

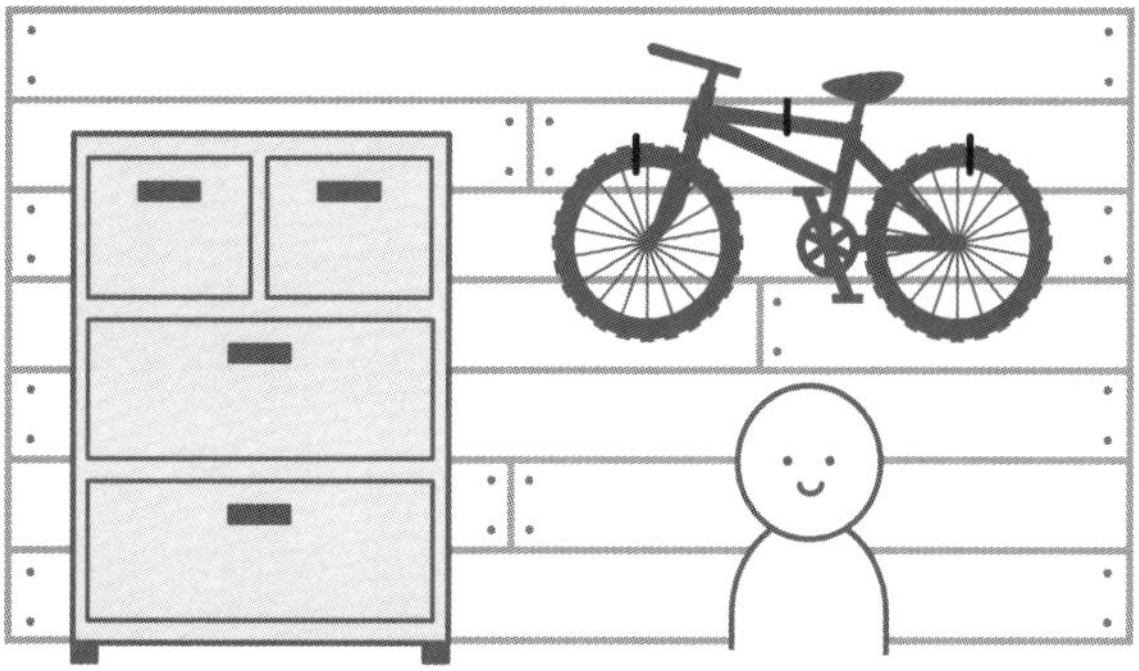

■仕事(在宅勤務)に集中するための家

4

一人になった時の掃除・片付け

パートナーに先立たれるなど、亡くなった人がいるとき、その人のことを考え続けて、なかなか前に進めないものです。

亡くなった人の物を整理することも、気が進まない場合が多いと思います。でもそれによって、その人との思い出を丁寧に見つめることができ、大切な物を一か所にまとめて保管しておくことができます。

テレビの番組で、妻を亡くされた人が、妻の声の録音を見つけて、泣きながらそれに耳を傾けている姿を見ました。亡くなった人の物を整理することによって、そのような思い出として残したい大切なものも早く見つけることができたり、より相手のことが理解できたりします。

大事な小物や写真などは、一つの部屋、またはクローゼットなど一つの場所に整理してまとめ、そのほかの物は処分します。写真はデータにして保存したり、壁に貼ったりしてもいいですね。相手に会いたくなった時に、その場所で相手のことを思ったり考えたりすることができます。

洋服や使わない所持品などは処分します。

亡くなった人は、もう洋服を必要としません。そのままにすれば虫食いができてしまうだけです。冷たい言い方になるかもしれませんが、亡くなった人のことをどれだけ考えても、自分が生きているこの世界にその人はいません。自分の心の中にその人がいればいい、という視点から整理してみてください。思い出だけを大切に残しておきましょう。

自分の趣味にもっと集中してみるなど、それまでできなかったことにあらためて取り組むのもいいですね。自分の人生を、前を向いて生きていくこと。それが大切だと思います。

離婚や同棲解消などで一人になった時の掃除や片付けについても、パートナーを亡くした人の場合と同じです。思い出を自分の心の中に残して、大切な物は一つの箱や一つの部屋に整理して、そのほかは処分します。

5

子どもの進学や就職後の掃除・片付け

子どもがいる場合は、進学や就職で家を出たとしても、いずれ子どもが戻ってくることもあるので、子どもの物は残しておきましょう。

ただし、成長にともなって使えなくなった洋服や家具などは処分します。

「もしかしたら使うかもしれない」という物は、取っておいても、その後、形式や仕様が時代遅れになっていて、結局使わないことが多いものです。処分して、必要な時に新しく買ってもよいのではないでしょうか。

第1章

新津流
掃除や片付けの
考え方

6

新津流　掃除の心構え

家の掃除をすることで一番に望むのは、自分の健康です。

まずは自分のために、自分が住む家の掃除をひととおりできるようにする。自分の手で一つずつ覚えていくことが大切です。

大切な人と一緒に暮らす時の準備にもなりますし、友人が家を訪れたり、泊まったりする時にも役立ったり、ほかの人のためにも広げていけるものです。

もちろん、プロの業者に掃除を依頼することもできます。その場合は、スタッフの人が作業する様子をよく見ておいてください。

どのように掃除をするのか、その手順や方法、また自分に代わって掃除をしてくれる人の気持ちも考えていただけるといいなと思います。

本書を読んでくださっている人のなかには、掃除について、すでにたくさんの知識を持っている人もいると思います。

この後お伝えしていく私なりのやり方を参考に、ご自身の方法にプラスしたり、アレンジしたりしてもらえたら嬉しいです。

もう一つ、私が大切にしている掃除の心構えが、「なるべくラクに家を清潔に保つ」ことです。

たとえば、家を汚す大きな要因にホコリやカビがありますが、本書のタイトルのように、1か月に1回、物を動かすだけでも、ホコリがたまりにくく、カビも発生しにくくなります。

私の家は物が多いのですが、意識して、家にある物の位置を定期的に動かしていますので、ホコリやカビが発生することはほぼありません。

本書では、掃除が苦手で面倒くさい人でもできる、日々のちょっとした工夫や考え方を変えることで家をキレイに保つ方法も紹介していきたいと思います。

7

新津流　片付け論

物はすべて棚に置く。それだけ守ればOKです。

棚の中の物の置き場所は、よく使う物は、棚の手前側、胸から腰の高さに置くと、体に負担をかけず、ラクに出し入れができます。あまり使わない物は棚の奥側に置き、軽い物は棚の一番上、重い物は一番下に置きましょう。

私は人一倍、物が多くて、家の中にあふれているタイプです。整理してもすぐに崩れてしまいます。それでも、物の置き場所さえ決めておけば大丈夫。例えば週に1度、元の位置に戻すようにすれば問題ありません。

わが家は廊下に棚があって、例えば買い物に行ってカップラーメンやお酒を買ってきたら、すぐにその棚のそれぞれの置き場所に収めます。

そのほか、一時的に物を隠しておける場所もつくってあります。

来客があった時、普段は部屋に置いてある物も隠せるように、押し入れなどにスペースをとってあります。やっぱり、お客さんに部屋をよりキレイに見せたい気持ちがあるんですね。通路に置いた棚ごと脱衣所に移動させたり、トイレにスケジュールを書き込んだカレンダーがかけてあるのを外したり……。

来客がある時は、わが家は大変。でも、そういうことも「あり」でいいのではと思っています。

8

新津流
掃除と片付けのバランス

「掃除9：片付け1」

物が少ないほうが見た目はいいけれど、物があることによって得られる安心感やいい意味での生活感もあります。

「棚に置く」ことを守れれば、物が多くても問題はないと思います。

物が多くても、棚に収まっていて通路がちゃんと通れるようになっていれば、どこにでも手が届くので、すぐに掃除ができます。物が少なくて片付けられていても、掃除をしなければホコリが積もってダニやカビが発生します。

わが家は洋服が多いのですが、一年中、季節に合わせて着る服を探したり、タンスの中を入れ替えたりしています。物があふれているけれど、いつも物を探し

新津流　掃除と片付けのバランス

掃除：片付け ＝ 9：1

➡ 物は少ないが、ホコリがたまりやすい

➡ 物は多いが、ホコリはたまりにくい

たり動かしたりしているから、汚れが見えていて、こまめに掃除できるのです。

掃除や片付けをするには、「物を減らさないとダメ」というイメージを持っている人が多いと思いますが、必ずしもそうではありません。

9

新津流　整理のポイント

ペーパータオルや洗剤などの消耗品の予備、缶詰や瓶詰などの保存食品、もらったタオルやお皿などの贈答品や景品などは、一人暮らしをしていくうちにだんだんと種類も量も増えて、何が家にあるのか覚えられなくなってしまうものです。

こうした物はまとめて一か所に置くようにすると、確認しやすくなります。**保管場所を決めて、中身がわかるように印をつけておけば、探す手間も、同じ物を買ってしまうムダも防げます。**

生活の変化がある時や大掃除の時などに、まずそこから探したり、整理したりしていくと、持ち物の新陳代謝が上手にできておすすめです。

10 家の片付けの際に気をつけるべきポイント

毎日の生活のなかで部屋に散らかりやすいのが、洋服やアクセサリー類ではないでしょうか。

洋服は、吊るすもの畳むもの、それぞれ置き場所をしっかり決めて、ホコリがつかないようにカバーできるものを上から被せます。洋服は意外とホコリがつきやすく、特にセーター類は中まで入り込んでしまいます。そのままにしておくと虫食いができたりするので気をつけてください。

ベルトやネクタイ、マフラーなどは、吊るして保管します。

わが家は、ベルトはS字フックを使って吊るしています。引っかけて吊るせないタイプのベルトは、百円ショップで売っている、コード類を束ねる丸い洗濯ば

家の片付けの際に気をつけるべきポイント

❶ 洋服にはカバーできるものを上から被せる

❷ ベルトやネクタイ、マフラーなどは吊るして保管する

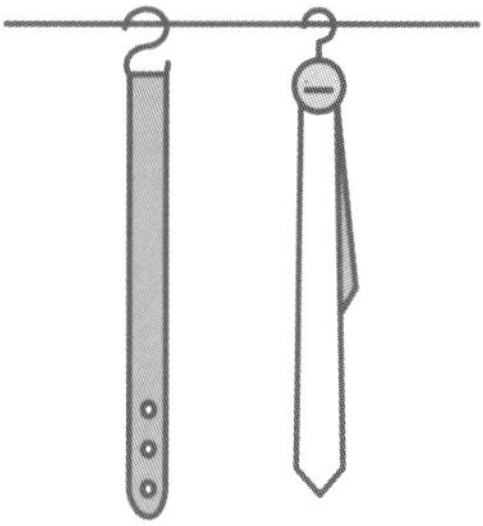

❸ 小物類は箱に入れるかカバーをかける

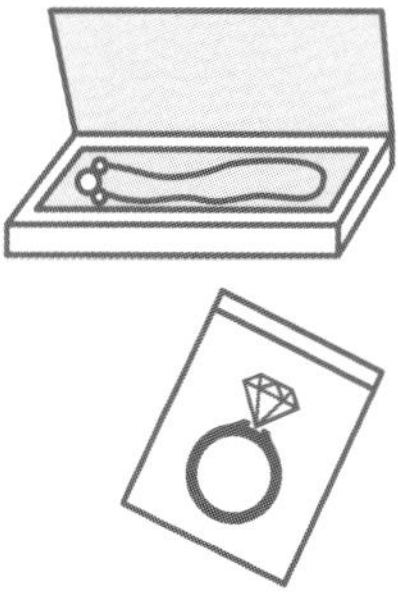

❹ 大きい物の近くに小さい物を置く

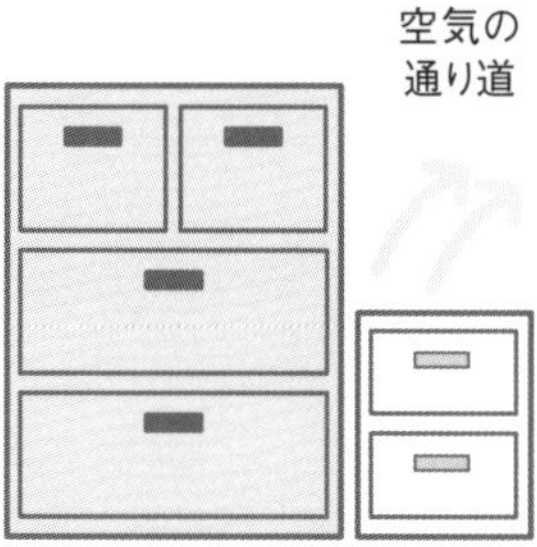

＊引き出しは留守のときには開ける

さみ型のクリップを使っています。装飾付きのベルトは、ぶつかるとキズがつくので別に保管します。

アクセサリーなどの小物類は、箱に入れるか、ホコリが被らないようにカバーをかけておきます。時計はよく拭いてからケースに入れます。小物類を棚や箱にしまう時は詰め込まず、必ず隙間をあけること。

大きな物の隣には小さい物を置くなど、空気の通り道を意識することがポイントです。

11

家の掃除の際に気をつけるべきポイント

日中、外出していて窓を閉めたままの時間が長いと、室内の空気が滞りがちです。**帰宅後や休日に窓を開けて、ぜひ換気をしてください。**

窓が開けられない場合は、エアコンや換気扇を利用します。クローゼットなどの扉は出かける時に開けていくと、湿気やにおいがこもりにくくなりますよ。

特に、若い人は汗をかきやすいので、衣類や寝具の湿気に気をつけてください。カビやにおいの原因となります。こまめに洗濯や外干しをしましょう。

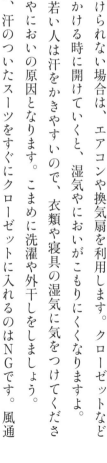

帰宅後、汗のついたスーツをすぐにクローゼットに入れるのはNGです。風通しの良いところで十分に乾かしてからしまいます。

また、年配の人は加齢によって呼吸器の働きが低下しやすいため、室内のホコりをこまめに取りましょう。抵抗力が弱まっている時は、体に負担をかけないように意識してください。

自分では気づけないことがたくさんあると思います。

なかでも物音は思いのほか周囲に漏れたり響いたりしているものです。

夜の時間帯に掃除をする時は、水は蛇口を全開にして出さずにバケツを使ってため洗いをする、窓を閉めて作業するなど、少し工夫するだけで大きく違ってきます。片付けの作業でも、意外と食器や金属類の音、足音などは響きやすいですね。

私が一人暮らしをしていたアパートは、壁が薄くて、隣の部屋の人が何をしているかがわかってしまうくらい、物音や振動が伝わってきました。ということは、自分の音も聞こえているんだな……と気づきました。

お互いさまの気持ちで、配慮しあうことが大切なんだなと勉強になりました。

掃除で気をつけるべきポイント

❶ 窓を開けて換気する

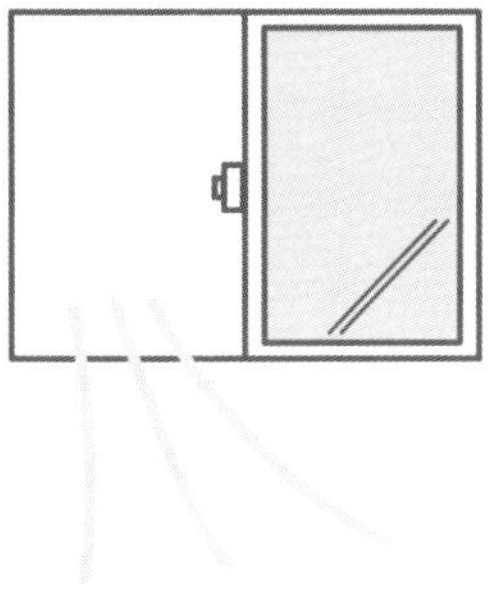

❷ こまめに洗濯や外干しをする

❸ 室内のホコリをこまめに取る

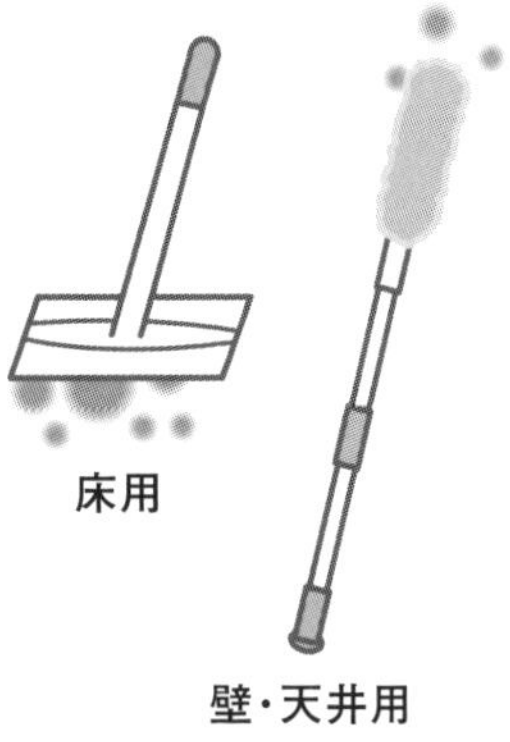

❹ 音（騒音）には注意する

12

絶対に消毒が必要なところ

食中毒を防ぐため、キッチンは定期的な消毒が必要です。自炊をしない人でも、キッチンで買ってきた弁当や飲み物を冷蔵庫に入れたり、お湯を沸かしたりしていると思います。夏場は特に気をつけてください。

【まな板・包丁などの調理器具、ふきんなど】

まな板は、黄ばんだり黒い線がつきはじめたりしたら、消毒が必要です。わが家は1週間に1回、台所用漂白剤で消毒しています。小皿に少量を取り、ハケを使ってのばすようにして塗ると、まんべんなく消毒できます。

包丁は使い方にもよると思いますが、わが家は同じ包丁で野菜も肉も切っているので、においを取ることも兼ねて、頻繁に消毒しています。

ふきんも使ったあとは消毒を。

台所用漂白剤は、使い方や浸ける時間によって適した濃度が異なります。使用量は裏面の使用方法を見て確認し、使う時は必ず手袋をつけてくださいね。


【スポンジなどシンクまわりの用具】


特に、食器類を洗うスポンジは、雑菌が増殖しやすいので要注意です。使った後よくすすぎ、洗剤と水分を残さないようにすることがポイントです。乾いたタオルでスポンジをはさんでギュッと絞ると、簡単にしっかり絞れます。

こまめな管理が難しい場合は、スポンジやシンクまわりの道具をまとめて消毒する習慣をつけるのがおすすめです。

わが家は1週間に1回、食器の水切りカゴを消毒しています。食器用洗剤で表裏を洗ったあと、中のカゴごと上部までぬるま湯をためて台所用漂白剤を入れ、そこにスポンジなどの小物類も入れて、一晩浸け置きしています。翌朝、料理をする前にすすぎ洗いをして、キレイにします。

食器の洗いおけなど、シンク内に置いてある物は、毎日位置を少しずらして、サッと全体を食器用洗剤で洗います。そのままにしておくと、1週間もしないうちにシンクにカビが発生します。


【冷蔵庫】

冷蔵庫は扉を開けるたびに手を拭きます。

冷蔵庫は食べ物を収納する場所です。汚れていれば、間接的に雑菌が口に入りやすくなります。十分注意してください。

感染症対策も兼ねて、除菌シートなどで拭くと安心です。

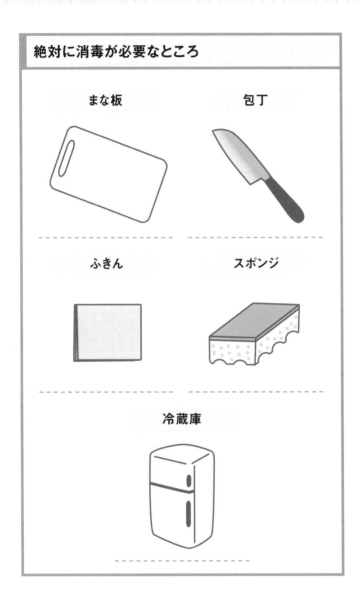

絶対に消毒が必要なところ

まな板

包丁

ふきん

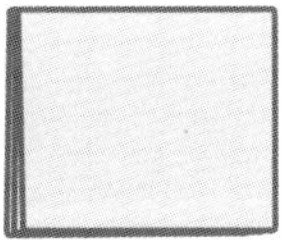

スポンジ

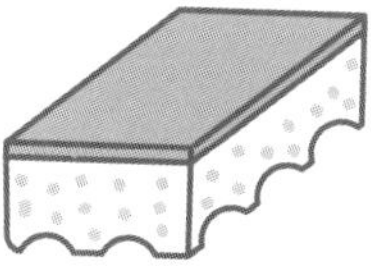

冷蔵庫

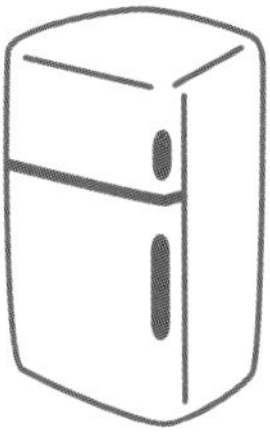

13

新津流　感染症対策

今は片付けや掃除だけでは不十分、消毒や除菌も併せて行うことで、初めて安心感が得られる時代になっています。**一人暮らしでも、「自分が感染しない」「周囲に感染させない」意識が大切です。**

手指消毒用のアルコールを家の中の数か所に置いて、必要な時、すぐに使えるようにしておくのがおすすめです。わが家は、玄関・化粧室・キッチン・リビングに置いています。

玄関先に置いてあると、帰宅時のほか、来客があった時に役立ちます。帰宅したら、すぐに石鹸やハンドソープを使って手洗いしましょう。トイレを使ったあとも、化粧室でしっかり手洗いを。キッチンでは、料理をする前に必ず手を消毒します。そのほか、ドアノブやスイッチなど手が触れるところは1日1回以上は消毒を。インターホンとその周囲も必ず消毒したい場所です。

国や地域、勤務先などの感染予防マニュアルに加えて、自分の家や生活スタイルに合わせた対策を考えてみてください。

わが家は玄関先にアルコールのほかマスクを置いて、来客時に備えています。宅配便の荷物を受け取る時は玄関の外で受け取り、段ボールなども玄関で処分、靴の裏側も玄関で除菌するなど、プラスアルファの対策をしています。

私は外出時には、予備のマスク、消毒用スプレー、除菌シート、ミニ石鹸、使い捨て手袋、ビニール袋、帽子などを持ち歩いています。あると重宝するのが、ホテルのアメニティーによくあるシャワーキャップ。ゴミ袋にも手袋にも使えて便利です。

外でトイレを使う時は、使用前後に、よく触るところを消毒したり、除菌シートで拭いたりしています。便座、ペーパーホルダー、レバー、荷物かけ、ドアの取っ手など。

また、家の中でも外でも使っている物、ふだん身につけている物も、こまめに除菌シートで拭いています。

私は帰宅後すぐに、スマホはアクセサリーやカバーを外し、電源を切った状態で、除菌シートで拭いています。腕時計も全体を拭きます。

喫煙する人の場合、気をつけてほしいのが電子たばこ。一日に何度も本体を口元に運んで使う物なので、こまめに拭いてキレイにしておきたいですね。

感染症対策

以下の場所に消毒用アルコールを置く

玄関

帰宅時、または来客時

化粧室

帰宅後やトイレ後

キッチン

料理をする前に

リビング

手で触れるところを
1日1回消毒

- **(リビングだけでなく)手で触れたところを1日1回消毒する**
- **外出した時も使用前後に消毒する(トイレ、洗面台など)**

14 家族に掃除や片付けをしてほしいと思った時

私なら、まず相手の行動をよく見て、それから本人に伝えます。
「テーブルの上にジュースの飲みかけを置いたままだよ」と言っても、「僕じゃないよ」と返されるかもしれません。
相手を観察していれば、「私は見ていたよ」と言えます。そして「ゴミを捨てれば広く使えるでしょう。捨ててきてください」と伝えて終わり。
相手に逃げ道をつくらせない。厳しいけれど、それによって相手に、まずゴミを捨てることを覚えてもらいます。周囲の人から見て汚くても、本人がそう思わなければ動きません。「今、キレイにする時ですよ」と、掃除や片付けをするタイミングを教えることも必要かもしれません。

15

「代わりに掃除したい」と思ったらどうするか

もし私が父に部屋を掃除されたら、とても恥ずかしいので嫌です。異性の場合、親子といえども、特にそう感じると思います。子どもの頃はよいけれど、大人になると秘密が出てきます。他の人に見せたくない物は、みなさんそれぞれあるのではないでしょうか。

親がつい子どもの家や部屋を掃除してしまうのは、親が大人になっていないからだと思います。その場合、子どもも親に「それはダメ」と伝える必要があると思います。

第2章

何から始めたらいいのかわからない人のための掃除の基本

16 日々の掃除の基本

「掃除って難しそう」と思っていませんか？「どうやればいいかわからない」という人も、基本の流れを押さえておけば大丈夫です。

まず、掃除をする前に、物の移動を済ませておくとスムーズです。例えばテーブルを掃除したい時、テーブル上の物を寄せたりずらしたりしながら掃除をするのは面倒です。先に物を移動しておき、終わったら元に戻します。

普段の掃除は、「ホコリを取って、固まった汚れがあれば浮かせて落とし、水拭きまたは洗剤拭きをしたあと、乾《から》拭きをして仕上げる」ことが基本です。

掃除の手順は、汚れの程度によって違ってきます。掃除をラクに行うポイントは、普段からこまめにホコリを取り除いておくことと、汚した時にすぐに対処すること。ジュースなどをこぼした時も、すぐに拭けば汚れが固まったりしみ込んだりせず、作業を省けます。

汚れをためなければ、掃除は短時間でラクに済ませられます。さまざまな洗剤や道具を使わなくても、また、汚れ落としの技術がなくても、きれいにすることができます。

《掃除の基本》

①ホコリを取る

ホコリは物の表面に付着します。軽い力で簡単に取り除けますが、こまめに取らないと、部屋の中を歩くたび空気中に舞い上がり、鼻や口からホコリを吸い込んでしまいます。また、湿気の多いところでは綿状に固まって取れにくくなったり、カビの原因となったりします。ホコリはダニの大好物でもあります。

市販のホコリ取りや湿り拭き用タオルで、軽くなでるように一方向に動かして

ホコリを取り除きます。高いところはホコリ取り、テレビの液晶画面など静電気を発するところは湿り拭き用タオル、床は掃除機を使いましょう。

ハタキでたたいて落とすのはＮＧです。ホコリが空気中に舞い上がり、掃除中に体内に吸い込んでしまいます。

②磨く（固まった汚れがある時や表面のツヤがない時）

ホコリ、油、水の中の不純物、こぼしたジュースの糖分や着色（シミ）などを長い間掃除しないで放置すると、汚れが固まってしまいます。また、鏡やシンクまわりなどは汚れが付着すると表面のツヤが消えてしまいます。そのような場合は磨いて汚れを取り除きます。

ぬるま湯または中性洗剤を使って、スポンジで一度洗ってから、それぞれの場所に適したアルカリ性や酸性の洗剤、研磨剤入りの洗剤などを使って、研磨剤入りスポンジで磨きます。

その後、もう一度、ぬるま湯か中性洗剤で洗います。

③拭く

水かお湯、または中性洗剤を使ってタオルで拭きます。中性洗剤を使った時は、そのあとに水拭きを2回行って洗剤を取り除きます。

④仕上げ

③のあとは拭き跡の線が残ってしまうので、タオルやマイクロファイバークロスで湿り拭きをして、仕上げます。

必要に応じて、床材にはワックスやコーティング、革製品にはクリームなどの保護剤を塗ります。

＊湿り拭き……濡れたタオルを乾いたタオルではさんで絞り、水分量を減らしたもので拭く。ホコリが舞わず、軽い汚れを取り除くことができます。静電気を起こしやすい場所の仕上げ拭きにもなります。

17

片付けの基本と掃除との違い

片付けの基本は、次の3つです。

①廊下に物を置かない
②よく使う物は手前側、手の届きやすい範囲に置く
③あまり使わない物は奥に置く

廊下に置いていた物は、棚を用意してそこに収めます。よく使う物は、ラクに取り出せるところに置き、細かい物は一つの入れ物の中に入れます。

片付けは、使いやすいように物をまとめていくこと。掃除は、キレイに空間を保つこと。片付けることによって掃除がしやすくなります。

片付けの基本

❶ 廊下に物を置かない

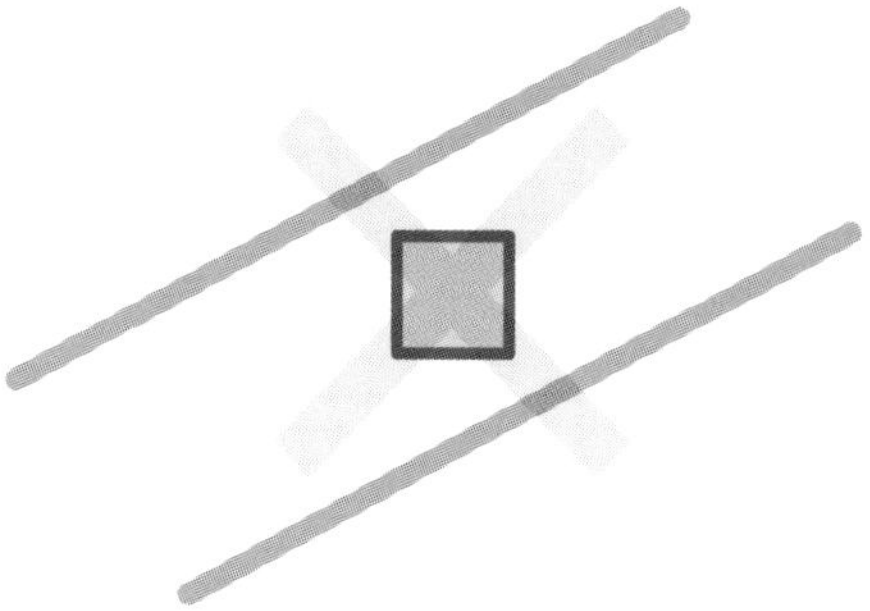

❷ よく使う物は手前側、手の届きやすい範囲に置く

❸ あまり使わない物は奥に置く

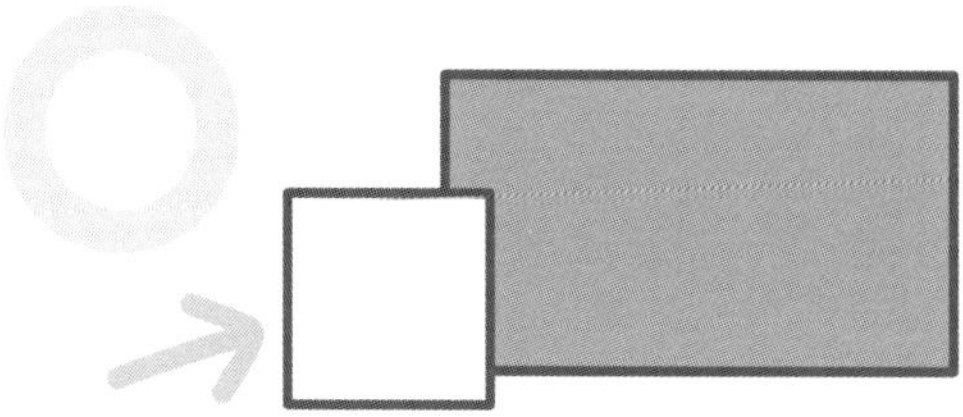

18

掃除に必要な用具

お店に行くと、さまざまな種類の掃除用具が並んでいますが、基本は次の3つ。すでに家にある人も多いのではないでしょうか。

《基本の掃除用具》

①タオル

②スポンジ

③ブラシ3種

……歯ブラシ（やわらかいタイプ）／亀の子タワシ／ナイロンブラシ（毛先が長く、幅がやや細いタイプ）

基本の掃除用具

❶ タオル

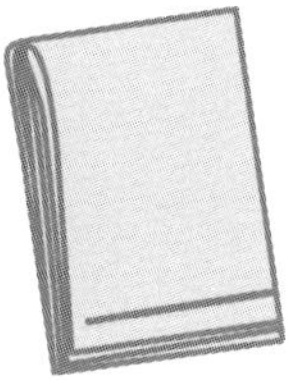

❷ スポンジ

❸ ブラシ3種

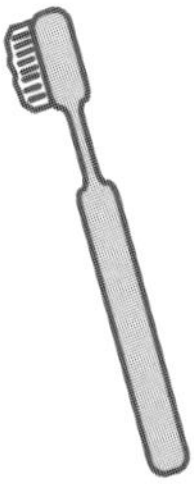

歯ブラシ
（やわらかいタイプ）

亀の子タワシ

ナイロンブラシ
（毛先が長く、幅がやや細いタイプ）
＊毛は柔らかいもの

この3つで「ホコリを取りのぞき、磨いて、拭く」基本の掃除ができます。

そのほかに、次の用具もあると便利です。

・掃除機
・ホコリ取り（※呼称：除塵用ダスター、ハンディモップなど）
・ポール（柄）付きの用具
・マイクロファイバークロス
・スクイージー
・ゴム手袋

基本のタオルだけでも、ホコリを取りのぞいて拭く作業はできますが、掃除機があると、細かい粉塵まで手早く除去できます。棚の上など掃除機をかけられないところは、ホコリ取りを使います。天井付近など手の届かない高いところは、ポールがあると便利です。脚立を使わず安全に作業でき、床や壁など、広い範囲を掃除する時にも活躍します。

そのほかに必要なもの

掃除機

ホコリ取り

ポール（柄）付きの用具

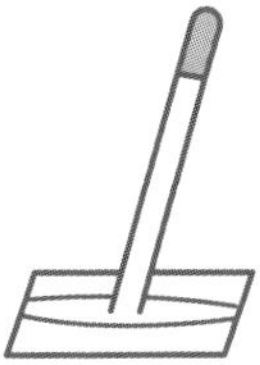

マイクロファイバークロス

スクイージー

ゴム手袋

仕上げ拭きは、マイクロファイバークロスを使うと、タオルよりも拭き跡が残りにくく、キレイに拭けます。水分を除去するのに使うスクイージーは床用とガラス用の2種類があり、浴室や窓の掃除で使うのはガラス用です。

ゴム手袋は、キッチン用とトイレ用に最低でも2組必要で、色分けして使います。高いところを拭く時は手袋の手首側の縁を2㎝ほど折り返しておくと、洗剤液などが垂れてきた時にそこでキャッチしてくれます。

今は、洗剤を含んだシートや使い捨てタイプの物など、手軽に使える掃除用具もさまざまあります。あまり掃除に時間がかけられない人は、そのような用具を活用するのもいいですね。

使い捨てのウエットタオルを使う場合は、水分を多く含んでいるので、拭いたあとは、拭き跡が残っていないかどうかチェックし、残っていたら仕上げ拭きをしてください。リビング用、トイレ用などがあるので、拭く場所に合わせて選びましょう。

ゴム手袋について

キッチン用とトイレ用に最低でも2組必要。色分けして使います。

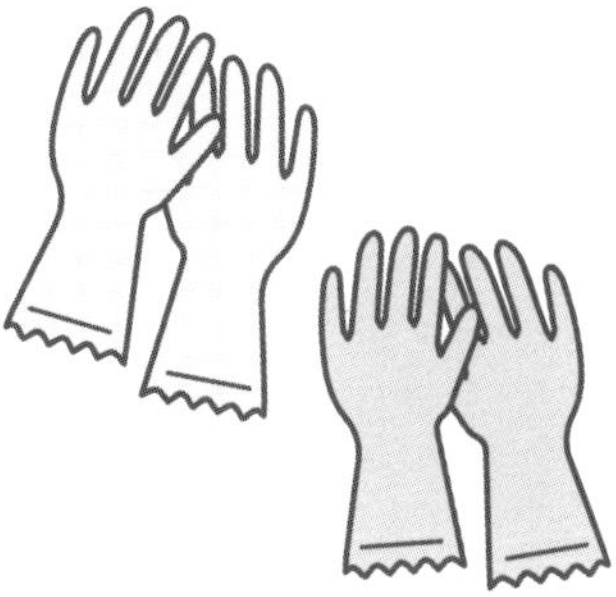

高いところを拭く時は手袋の手首側の縁を2㎝ほど折り返しておくと、洗剤液などが垂れてきた時にそこでキャッチしてくれます。

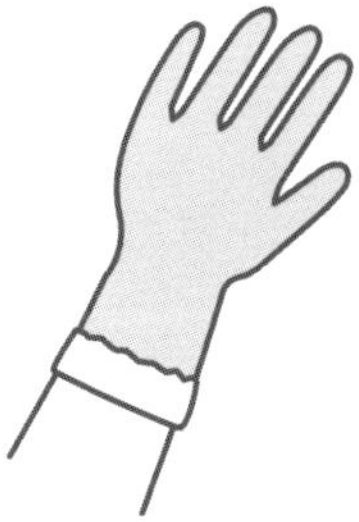

使ったあとは外側だけでなく中側も洗い、干す時は裏返して、中指の先部分をピンチで挟んで吊るします。

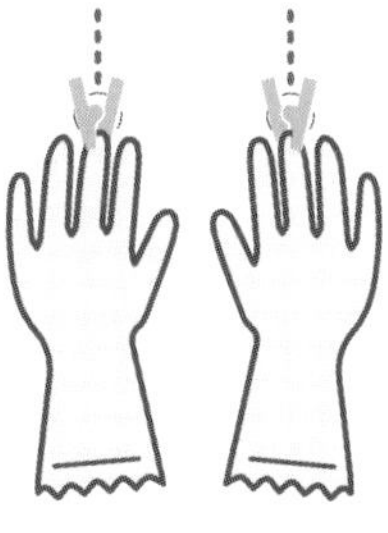

19 基本の掃除用具の注意点

①のタオルは、綿素材の薄いフェイスタオルが使いやすくておすすめです。ミニタオルなど、サイズが小さすぎると手をケガしてしまうこともあります。

②のスポンジは、研磨材の入っていないタイプなら、さまざまな物に使えます。スポンジは、細長いタイプ、四角いタイプ、凹みのあるタイプなど各種ありますが、手で持ってみて、使いやすい形を選んでください。自分の手に合ったサイズ（手のひらにおさまるぐらいの幅や厚み）を選ぶこともポイントです。

磨く作業にはスポンジシートが適しています。また、キッチンでの食器洗い用は吸水性の低いもの、浴室用や洗車用は吸水性の高いものを選びます。

タオルの折り方と使い方

■折り方

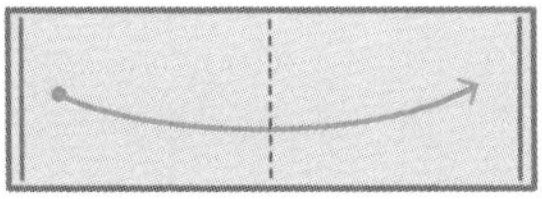

タオルを左右に広げ、
左から右に折る

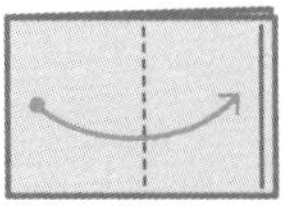

さらにもう1回
左から右に折る

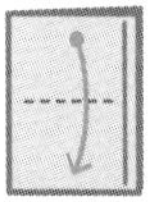

最後に
上から下に折る

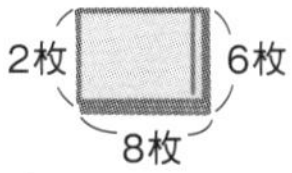

8つ折りタオル

■使い方

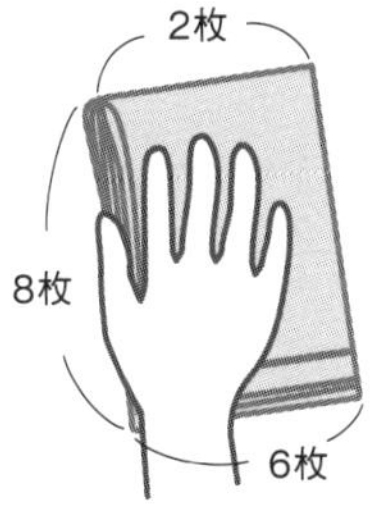

8枚になっている部分を
親指と人差し指で挟み持ち、
手の平全体を使って拭く
（図は右手のとき）

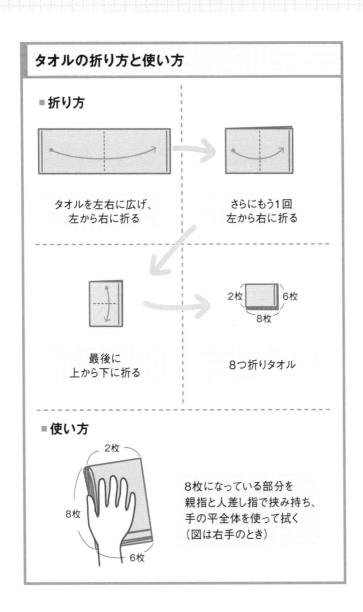

スポンジシートやアクリルスポンジは油による汚れを落としやすい性質があります。メラミンスポンジは硬い無数の網目状の構造が特長で、普通のスポンジでは取れない水アカやトイレの黒ずみなどさまざまな汚れ落としに使えますが、光沢のある素材に使うとツヤも落ちてしまうので注意してください。

③のブラシは3種類あると便利です。歯ブラシは、狭い隙間や溝などの汚れ落としに使います。ホテルのアメニティーや使い古しの物など、毛の硬さやサイズ違いでいくつか揃えておくと使い分けができていいですね。

亀の子タワシは、壁や浴室の床、ベランダ、カーペットなど凹凸のあるところに使います。濡らしたタオルでタワシをくるみ、カーペットや網戸の表面をこすると、よく汚れが取れますよ。

ナイロンブラシは排水口を掃除する時などに使います。ホコリ取り、モップ、デッキブラシ、ほうきなど長いポール（柄）の付いた用具は、ヘッド部分を取り外せるタイプだと収納や管理がしやすく、おすすめです。

スポンジについて

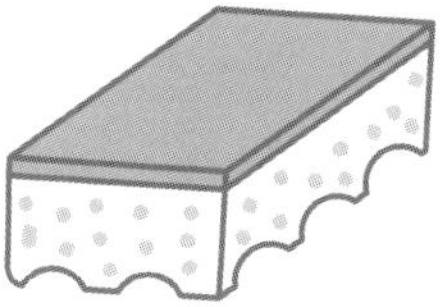

吸水性の高い
スポンジ

スポンジシート

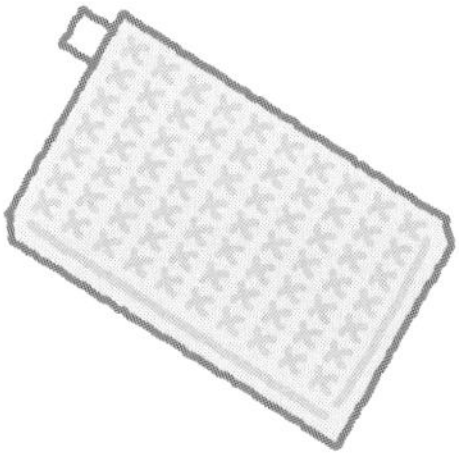

アクリルスポンジ

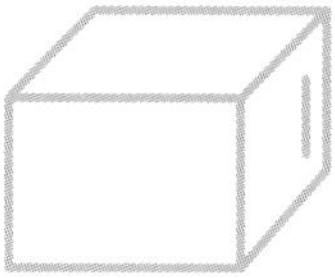

メラミンスポンジ

20

掃除機の選び方

掃除機の価格と性能は比例します。ただし、高性能の物を買っても、こまめに手入れをしなければ吸引力は下がってしまうので注意してください。

コードレスタイプは手軽さが魅力ですが、コード付きタイプに比べて充電時間や使用時間といった制限もあります。使う場所や用途によって、どちらが使いやすいかは変わってきます。

1Kぐらいの広さで、フローリングや畳の家の場合は、普段はコードレスの掃除機でも十分です。一方、カーペット敷きの家は、コード付きの掃除機がおすすめです。コードレスだと吸引力が足りない場合があります。

わが家では、3台の掃除機を使い分けています。大掃除をする時や時間のある

掃除機の選び方

コード付き掃除機

吸引力が高いので丁寧にかけたい場合

コードレス掃除機

短時間で掃除したい場合。髪の毛がよく落ちるところなど

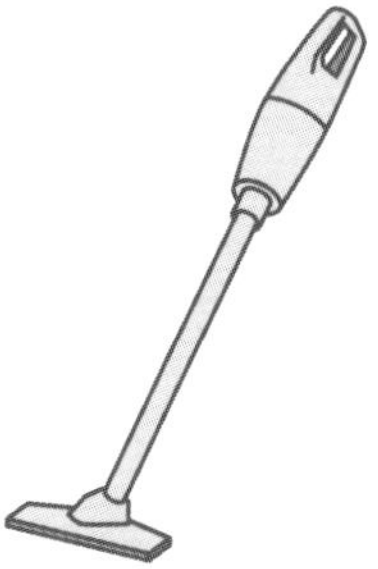

ハンディクリーナー

机の上やすき間を手軽に掃除したい場合。座った姿勢で使用できる

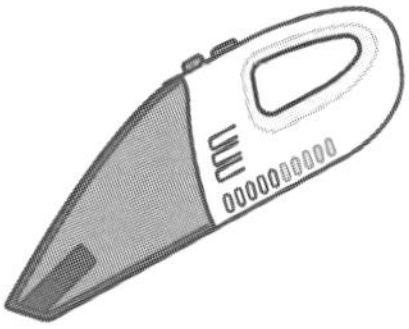

時はコード付きタイプを使っています。化粧室に一台、コードレスタイプを置いて、髪の毛を乾かしたあとに使ったり、家のあちこちにそれを持って行って使ったりしています。もう一台、小型のハンディクリーナーを和室に置いて、ゴミに気づいた時、立ち上がらずに手を伸ばせば使えるようにしています。

いつでもすぐ掃除機をかけられる状態にしておくと便利です。普段は使いやすい場所に置いておき、来客がある時などはサッとしまっています。

21

汚れの判断と洗剤の選び方

《汚れの種類》

①水性の汚れ……水やお湯で拭いたり洗ったりすれば落ちる汚れ

②油性の汚れ……水に溶けず、洗剤を使って落とす汚れ

③その他の汚れ……固まってこびりついた汚れ、着色汚れなど

《汚れの原因》

・自然的原因……空気中の粉塵、カビ、虫の死がいや抜け殻、動物のフンなど

・人為的原因……人が生活するなかで生じるもの、靴裏の土や砂、飲食物、手あか、衣類の繊維など

汚れによって、掃除のしかたや洗剤の使い方が変わってきます。また、普段使っていない部屋でも、空気が運んでくる砂ボコリ、微生物や虫などによって汚れてきます。汚れの原因を知っておくと、対策が考えやすくなります。

水性の軽い汚れは水かお湯、または中性洗剤で落とします。ベタつきのあるような油性の汚れは、弱アルカリ性洗剤かアルカリ性洗剤を使います。油性の汚れは、水を使うと落ちにくくなるので注意してください。

汚れの種類が水性か油性かわからない時は、水で濡らして固く絞ったタオルで汚れに触れてみて、取れるかどうか確かめてみてください。取れる場合は水性、取れない場合は油性の汚れです。

そのほか、固まったガムの汚れは、表面の汚れを削り、溶剤を使って落とします。溶剤は除光液で代用できるほか、柑橘類の皮の外側を使っても落ちます。

また、洗剤には「研磨剤入り」と「研磨剤なし」があり、「粉」「液体」「泡

汚れの種類と汚れの原因

■汚れの種類

❶ 水性

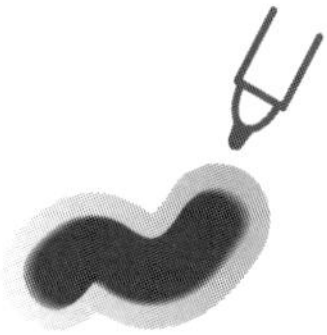

水性インク、ジュース、
汗、血液など

❷ 油性

油性インク、マヨネーズ、
口紅、手あかなど

❸ その他

固まった泥やガム、
シミなど

■汚れの原因

❶ 自然的原因

カビや動物のフン、
虫の死がいなど

❷ 人為的原因

食べ物のシミ、衣類の繊維など

（フォーム）」「ジェル」といったタイプがあります。スプレー容器によっても、中の液体が棒状・霧状・泡状に出るものがあります。

研磨剤入りの洗剤は、時間が経って固まってしまった汚れを落とす時に使います。粉洗剤は液体洗剤より皮脂や泥汚れをよく落とし、価格が比較的安価です。泡やジェルタイプは液体では流れ落ちてしまいやすい天井や壁の掃除におすすめです。

《洗剤の危険性》

洗剤は、必ず表示を見て、「液性」や成分を確認してください。

中性洗剤（pＨ6～8）なら安心ですが、特に強酸性や強アルカリ性の洗剤は、直接触れずにゴム手袋を使う必要があります。ゴム手袋が体質に合わない、肌が荒れてしまうという人は、中に綿のタオルや綿手袋を入れて使ってくださいね。

例えば、直接触れても手が荒れていないから「たぶん大丈夫だろう」と、その

ご購入作品名

■この本をどこでお知りになりましたか？

□書店（書店名　　　　　　　　　　　　　　　　　　　）

□新聞広告　□ネット広告　□その他（　　　　　　　　　　）

■年齢　　　歳

■性別　　　男・女

■ご職業

□学生（大・高・中・小・その他）　□会社員　□公務員

□教員　□会社経営　□自営業　□主婦

□その他（　　　　　　　　　　）

ご意見、ご感想などありましたらぜひお聞かせください。

ご感想を広告等、書籍のPRに使わせていただいてもよろしいですか？

□実名で可　□匿名で可　□不可

一般書共通

ご協力ありがとうございました。

郵便はがき

おそれいりますが
切手を
お貼りください

102-8519

東京都千代田区麹町4−2−6
株式会社ポプラ社
一般書事業局　行

お名前	フリガナ	
ご住所	〒　　-	
E-mail	@	
電話番号		
ご記入日	西暦　　年　　月　　日	

上記の住所・メールアドレスにポプラ社からの案内の送付は必要ありません。□

※ご記入いただいた個人情報は、刊行物、イベントなどのご案内のほか、お客さまサービスの向上やマーケティングのために個人を特定しない統計情報の形で利用させていただきます。

※ポプラ社の個人情報の取扱いについては、ポプラ社ホームページ（www.poplar.co.jp）内プライバシーポリシーをご確認ください。

洗剤の成分や使い方をよく確認しない人がいますが、それは絶対にダメ！

洗剤の中には溶剤が入っているもの、有毒なものもあり、使っているうちに体内の骨にまで影響が及んだり、目に入れば失明したりする可能性があります。

また、その時はわからなくても、5年後、10年後に、体に影響が出てくる可能性もあります。最近は通販などでさまざまな洗剤が手軽に買える分、より注意が必要です。洗剤の特徴や成分を必ず確認しましょう。

22

洗剤の基本

次の6つの洗剤があると、さまざまな汚れに対応しやすく便利です。

- 食器用洗剤（キッチンなど）
- 洗濯用粉洗剤（布地など）
- 石鹸（布地などの頑固な汚れに）
- トイレ用洗剤（トイレ）
- 浴室用洗剤（浴室）
- 塩素系漂白剤（消毒・漂白、カビ汚れに）

食器用洗剤は、中性と弱アルカリ性の2種類があります。中性は食器のほか家具など、基本的にどの汚れに対しても使えます。弱アルカリ性は油汚れに強く、浴室掃除などにも使えます。

石鹼や洗濯用粉洗剤は、繊維の中に入り込んだ汚れを落とすのに効果的です。 洗濯用洗剤は着色汚れのほか、油汚れや土や砂の汚れにも効果があります。液体と粉があり、液体は水に溶かして使いやすく、粉は固まった汚れに直接振りかけて研磨して落とせます。石鹼は油を含んだ頑固な汚れに対応できます。

トイレ用洗剤は各種あり、中性なら毎日使えますが、酸性の場合は週に一度を目安に使ってください。頻繁に使うと、便器のツヤがなくなる可能性がありま す。また、酸性洗剤と塩素系漂白剤を混ぜると有毒ガスが発生するので、十分に注意してください。

浴室用洗剤は中性のものを使い、カビが生えてしまった時のみ塩素系漂白剤を使います。また、キッチン用品などの消毒やシミなどの漂白に、台所用漂白剤も揃えておきましょう。

肌が敏感な人やアレルギーなどがある人は、次の2つを使えば、あらゆる汚れに対応できます。

・重曹
・クエン酸

重曹、クエン酸は、浴室やトイレ掃除などすべてに使えます。重曹は界面活性剤の代わりに使い、クエン酸は水アカや石鹼カスなどが固まったカルシウム系の汚れを分解してくれます。また、重曹とクエン酸を組み合わせると二酸化炭素の泡が勢いよく立ちます。手の届かない細かい部分などの掃除におすすめです。

分量は汚れに応じて調整します。少しずつ使い、汚れの状況を見ながら足していきましょう。体にやさしく安全性が高い分、汚れを落とす力は弱いので、頑固な汚れの場合はお湯を使うなど工夫してください。

重曹とクエン酸は安全性が高いとはいえ、必ずゴム手袋をつけて使ってください。

基本の洗剤

食器用洗剤

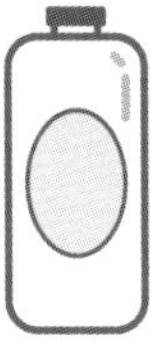

石鹸

洗濯用粉洗剤

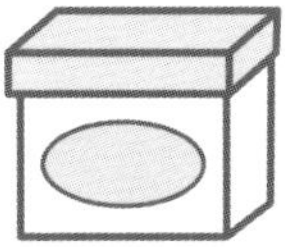

トイレ用洗剤

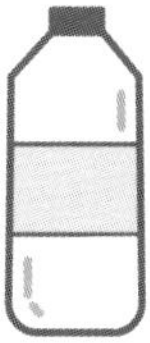

浴室用洗剤

塩素系漂白剤

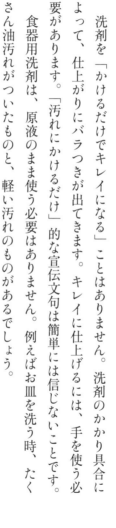

23

洗剤の使い方

洗剤を「かけるだけでキレイになる」ことはありません。洗剤のかかり具合によって、仕上がりにバラつきが出てきます。キレイに仕上げるには、手を使う必要があります。「汚れにかけるだけ」的な宣伝文句は簡単には信じないことです。
食器用洗剤は、原液のまま使う必要はありません。例えばお皿を洗う時、たくさん油汚れがついたものと、軽い汚れのものがあるでしょう。
最初から薄めておいて、汚れが取れなかったらつけ置きするのがおすすめです。それによって体への負担も減らせます。薄めた洗剤は長くもたないので、少量ずつつくって使ってください。
使い方の表示を見ると、「水で薄めて使用する」と書かれている場合もあります。原液をかけてこすっても、ただ洗剤をのばしているだけです。そこに水をかけ、たくさんの泡を立てて、大量の水を使ってそれを流すというのは、使い方が間違っています。汚れの状態に合わせて、洗剤の量や濃度を調整していくのが基本です。

カビを見つけたら、まずカビの上にあるホコリや異物を除去したうえで、塩素系漂白剤をかけて浸け置きしてこすります。取れない場合は、一度漂白剤を水で流して落とし、塗り直してこする作業を繰り返しましょう。

例えば浴室なら、毎日お風呂に入ることで、その上に別の汚れが重なっています。まず表面の汚れを中性洗剤で取って、そのあとに塩素系漂白剤を使います。浴室によくある、ピンク色のぬるぬるした汚れはお湯でも流せるものです。

また、上の汚れが固まっていれば、そこに洗剤をいくらかけても下に浸透しません。特に塩素系漂白剤は使用時に換気も必要な洗剤。たくさん使うと、においもきつくなるので注意してください。

ちなみに、洗剤は価格が高いものほど性能がよいというわけではありません。

特殊な成分が入っていて落ちやすい場合もありますが、環境によくない物もあります。

私が自分の家の掃除をする時は、なるべく安いものを買います。時間がない場合は価格より汚れの落ちやすさを優先しますが、普段の掃除に高いお金を使っていたら、ほかのことに回せなくなってしまいますから。

24 掃除をする時の服装

掃除の時は安全第一、動きやすい服装が一番です。

やわらかい素材で、体にぴったりしすぎず、少しゆとりのあるものがいいですね。ケガから腕を守るので、長袖のものがおすすめです。

「家の中で一人で掃除するだけだし、なんでもいいや」とパジャマ姿で取りかかると、ズボンの幅が広いため、裾を引っかけたり踏んだりしやすいので気をつけてください。

途中でゴミを運び出したり、足りない物を買いに行ったりする場合もあるので、そのまま外に出られる服装が便利です。

あとは、作業に合わせてアレンジを。例えば、浴室の掃除で塩素系漂白剤を使う時は、服の色が抜けても構わないものを着たほうが安心です。
私は自宅で掃除をする時は、ジャージや自宅用の作業服を着ています。また、キッチンの油汚れなどの掃除にはアームカバーを使って、袖まわりが汚れるのを防いでいます。アームカバーは百円ショップでも売っていますが、作るのも簡単。余り布を縫い合わせて、上下にゴムを入れるだけ。着古したパジャマなどを活用できます。

足元への注意も忘れずに。家の中での作業は、足裏に滑り止めのついた靴下を履くのがおすすめです。

スリッパは脱いでください。床に油汚れがある時に滑りやすく、掃除をする時、つま先立ちの姿勢になったり、脚立にのぼる時、不安定な姿勢になったりしやすいので危険です。
最近はスリッパでもかかとのついたタイプもあるので、脱げにくく滑りにくいものを探してみてもいいかもしれません。

掃除をする時の服装

❶ 動きやすい服装で

例 ジャージなど
（＝動きやすくて
外に出られる服装）

❷ 作業に合わせてアレンジを

例 キッチンを掃除する時にアームカバー など

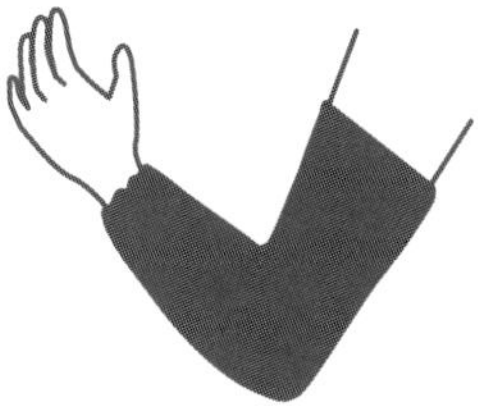

❸ 足裏にも注意する

例 足裏に滑り止めのついた靴下を履く など

25 掃除を習慣化するポイント

掃除を最初から最後まできちんと全部やろうとすると、疲れきってしまいます。

決まった時間に、1日5分なら5分、10分なら10分行うようにします。短時間でも、ホコリを取るだけで違ってきます。床などの低いところは掃除機で、棚の上などの高いところは拭きます。

とにかく自分にプレッシャーを与えないことが大事です。毎日でなくてもOK。1週間ためて、週に1回でも構いません。1日1回なのか、1日おきに1回なのか、1週間に1回なのか。ただし、1週間に1回はやってください。

掃除を習慣化するには、長く続けられるような時間と周期を決めることが一番のポイントです。その時、基準となるのは、自分の毎日の生活スタイルや仕事の量です。比較的時間のある人もいれば、朝早くから夜遅くまで働いている人もいるでしょう。

仕事で疲れて「掃除なんてムリ」という人も、自分の健康のためにホコリぐらいは取りましょう。休みの日や隙間時間などを見つけて、掃除の時間を設定し、よりよい空間をつくっていきましょう。

私は毎日、朝起きたら1時間、掃除をしています。一度やり始めると終わらないタイプで時間を忘れて夢中になってしまうので、1時間だけと決めています。朝に掃除をすると、寝ている時に下がっていた体温が上がってきて、いい運動になるんですよ。朝が一番おすすめです。

慣れるまでは大変かもしれませんが、続けていくうちに頭で考えなくても、体が自然に動くようになります。癖をつけ、習慣にしていくことが大事です。それでも「やっぱりしんどいな」と思ったら、時間や周期を変えてみてください。自分にぴったり合ったペースを探していきましょう。

私が独身で一人暮らしをしていたころは、掃除は今のように毎朝ではなく、1週間に1回、仕事が休みの土曜日に半日かけて行っていました。

一人だと時間もなければ、経済的にも能率的にもよくないなと考えて、当時は洗濯も1週間に1回、まとめて行っていました。二人暮らしになると量も増えて、生活のしかたも変わり、掃除のスケジュールも変えました。

本来は、毎日少しだけ、2～3分でも掃除をすると、汚れが取れやすいです。特に、油汚れがつきやすいキッチンはそうですね。時間が経たないうちに掃除をすると、ゴシゴシこすらなくて済みます。

汚れやすさは場所によって差があり、寝室や通路はそれほど汚れないけれど、キッチンとトイレはそのうちにおいも出てきてしまいます。

例えばトイレなら、便器の中にたまった水の中に酸性洗剤を少し垂らしておくと、週に1度しか掃除できない場合でも、菌の繁殖を防いで汚れを取れやすくすることができます。何もしたくない時や忙しい時でも、ほんの一手間、そういったことをしておくだけで違ってきます。

また、お湯を沸かそうとして水がこぼれてしまった時に、濡れタオルでそのあたりをまんべんなく拭くなど、「ついで」に何かやるのもいいですね。朝、メイク中に化粧品がテーブルについてしまったら、その部分だけでなくテーブル全体もサッと拭いてしまえば、それも「掃除」になります。そのように掃除のタイミングを増やしていくのもいいと思います。

習慣化するためにもう一つ、ぜひ覚えておいてもらいたいポイントは、掃除をしたあとに必ず自分を褒めること。毎回、声を出して褒めてください。

「今日も頑張りましたね」
「キレイになりました」
「いい運動になりましたね」

自分で自分にしっかり声をかけてあげてください。それによってモチベーションが上がります。

人間はずるいから、1回さぼると、それが2回、3回と続いてしまうものです。私は1回さぼってしまったら、その後に倍の分の掃除をやることにしています。

掃除が嫌いだと、生きていくのが大変です。健康に生きられないし、ほかの人にも迷惑をかけてしまいます。まずは少しずつ、できるところから始めていきましょう。

26

物の置き場所の見直し

最初のうちは、どれだけ物や衣類が増えていくのかわからず、気づいた時には、家の中に物があふれてホコリまみれ……という場合が多いと思います。

一人暮らしを始める時、まず想像で、家具や物の配置を決めていると思います。その後、実際に生活するなかで、必ず使いにくいところが出てきます。家にいる時の自分の動き方、よく使う物と使わない物など、最初に配置を決めた時に気づかなかったことが現れてきます。

もう一度、家の中の物をレイアウトしなおすことが大切です。

まず、家の中での自分の行動をシミュレーションしてみましょう。朝起きてから家を出るまで、また、帰宅後の様子も思い出してみてください。どこで着替えて、その次に何をしているかなど、自分の動線をたどっていきます。

そのうえで、どこに何があると便利なのか、どの場所にどれを置くと自分にとって一番ラクなのか、考えてみてください。その基準で、新たに物の置き場所を決めます。

例えば、家のカギ一つでも、その人に合った置き場所は違います。わが家は夫がカギの置き場所を決めてくれたのですが、私はいつもその場所を通り過ぎてしまい、自分の身の回りに置く癖が抜けずにいます。

物の置き場所を決めたら、その位置を「固定」します。固定したら、使ったあと、必ずそこに戻します。それさえ守れば、散らかることはありません。

棚の中に物を置く場合にも、片付けの基本「よく使う物は手前、あまり使わない物は奥」を思い出してください。キッチンで、いつも使うフライパンは手前に置いて、ときどき使う煮物用の鍋は奥に入れていませんか。それと同じです。

自分に合った空間をつくる

❶ 自分の家の状況を把握する

どんな物が置いてあるか

それぞれの物はどう使うのか

何がどう汚れていくか

そのために

現時点の部屋の写真を撮っておく

❷ 何をどこに置くか決める

例えば **カギ**

玄関の台の上？　リビングのテーブルの上？

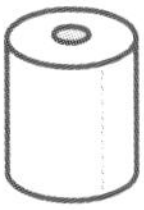

例えば **トイレットペーパー**

トイレの棚の上？　押し入れ？

❸ わかっていることは対策する

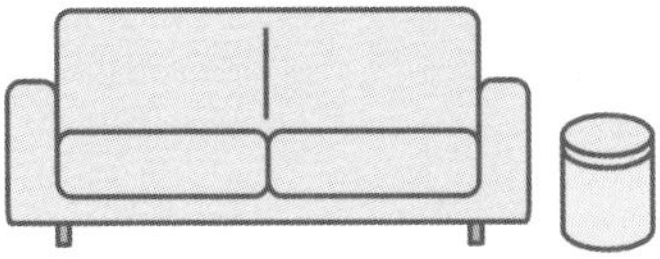

例えば
ソファーの近くが
汚れやすい時には、
ソファーの近くに
ゴミ箱を置く

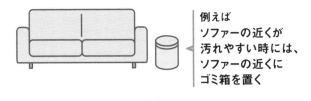

マンションなどで、クローゼットの位置が固定されていて、使いづらさを感じる場合は、別の場所に衣類を置き、クローゼットには別の物を入れて使うほうがいいと思います。

家具や物の配置が自分に合っていないまま生活していると、だんだん片付けをしなくなり、掃除をするのが大変になってしまいます。

例えば、よく座るソファーのまわりが汚れやすいな、ゴミを捨てに行くのがおっくうだなと気づいたら、ソファーのそばにゴミ箱を置きます。それだけでも、ムダな動きを減らせて、ラクに心地よく過ごせるようになってきます。

自分に合った空間をつくっていくと、同じ部屋、同じ物なのに、不思議なくらいガラッと変わります。居心地の良さがアップし、心も体もラクに過ごせるようになります。

27

掃除の進め方

家の間取りや広さにもよりますが、健康を守るため、優先してキレイにしておきたい場所は、寝室、リビング、キッチンです。

特に、よく座る場所など、自分が安心してくつろげる場所はキレイにしておきたいですね。そのような場所は特に、自分の次の行動につながる大切な場所。未来の行動を形づくっていくような場所です。自分の目の前をキレイにできないと、行動はどんどん小さく狭くなっていき、いずれ動けなくなってしまいます。

掃除の順序は、「上（高いところ）から下（低いところ）」「奥から手前」「狭いところから広いところ」へ進めるのが基本です。とはいえ、それをしっかり守ると大掃除になってしまうので、例えば「今日は玄関のホコリを取ろう」と思ったら、玄関部分のできるだけ高いところから始めていく、という進め方でOK。また、掃除する時間を一日10分と決めたなら、掃除場所はテーブル一つだけでも十分。汚れがたまりやすいなと思ったところを、決めた時間内でキレイにしていきましょう。あくまでも自分のペースで無理なく。気分転換と運動のためにやっているんだ、くらいの気持ちで気軽にやってください。

一度にまんべんなくやる必要はありません。よく手で触れるところをちょっと拭く、動線まわりに掃除機をかけるなど、最低限ホコリが取れればOK。私が毎朝1時間やっているのは、ドアノブなど、いつも触る場所の拭き掃除。まずは小さなスペースから、今できる範囲を掃除していき、少しずつキレイな空間を広げていきましょう。

普段の掃除ができていれば、大掃除は年に1回で大丈夫。

大掃除は、カーテン、窓や高所の壁、天井や照明器具、換気扇のまわりなど、普段の掃除で手の届いていない所をキレイにしましょう。

ただし、エアコンのフィルターは年4回、季節ごとに外して、掃除機をかけてホコリを取ったあと、除菌しましょう。フィルターを経由した空気が室内に流れるので、気をつける必要があります。

大掃除の時にチェックしておきたいのは、通気口と排水口（キッチン・洗面所・浴室・洗濯機・ベランダ）、棚、ベッドの下です。

通気口は空気の出入りする大事なところ。排水口は詰まりやすく、室内にあるものは使用頻度が少ない場合、においが上がってきます。

食器棚、本棚、ハンガーラックなど、扉がついてない棚は拭いてホコリを取ってくださいね。私は洋服を置く棚は、衣替えの時に中を拭くようにしています。ベッドの下も要注意で、ホコリがゴロゴロ出てきやすい場所です。

ホコリがたまりやすいのは、空気の流れが止まる所です。天井や床の四隅、扉の後ろ、トイレの奥の床のように狭い場所の奥、キッチンの台の下、洗濯機の横や後ろ、棚の後ろなど。特に、腰から下にある場所が汚れやすいので、時間がある時にチェックしてみてください。

リビングで過ごす時間が長い人なら、エアコンの影響でその反対側にある部屋に空気がとどまりやすくなります。そちらにカビが出やすいため、換気に配慮するなど注意してください。

28 見落としやすいポイント

・高いところや家具などの裏側
・床や天井、壁などの四隅、カーテンの端
・テーブル、イス、棚などの側面・裏側・下　など

人間には、「目につくところしかやらない」という癖がついているのかもしれません。自分の身長より高いところはまったく手つかずだったり、テーブルを拭いても裏面や脚の部分は拭かないままだったりします。

私も今の会社に入社して常務に教わるまでは、当然のように、テーブルは表面しか拭きませんでした。「あなたにはやさしさがない」と言われてから、物に対しても、人間に対するような気持ちで接し、掃除をするようになりました。

そして掃除とは、物や場所をキレイにするだけではありません。点検作業も「込み」です。「元気かな、ネジは緩んでいないかな?」ときどきはテーブルの裏面をのぞいたり、少し揺らしたりして、状態を確認してください。

部屋の中の至るところ、置いてある家具や物などすべて、点検込みで掃除しましょう。

見落としやすいポイント

❶ 高いところや
家具などの
裏側

❷ 床や天井、
壁などの四隅
カーテンの端

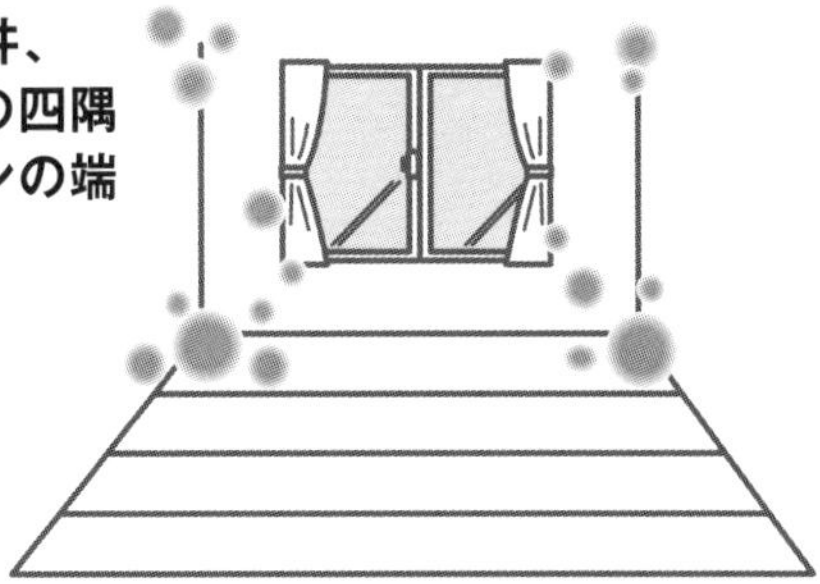

❸ テーブル、イス、棚などの側面・裏側・下

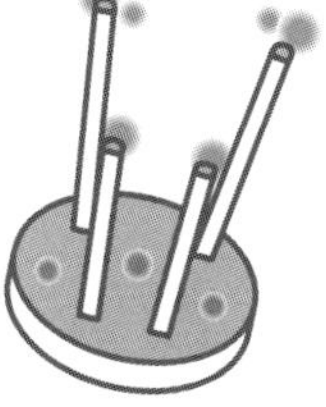

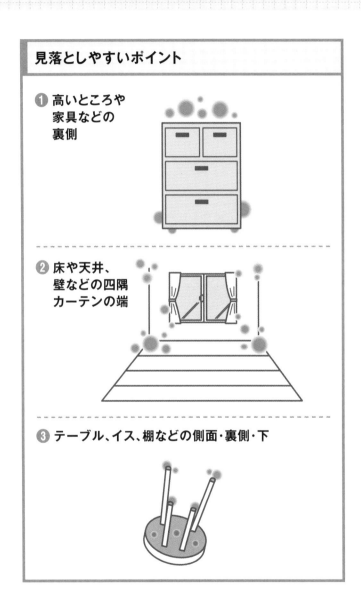

29

見えないところも掃除は必要

家の中にある物はどれも、自分が選んだ物や買った物、または、どなたかからいただいた大切な物だと思います。

お気に入りのイスがいつの間にか傷んでいて壊してしまった、それによってケガをしてしまった——。

そうなってから後悔しても、時間は戻りません。

見えないところも掃除し、点検することによって、キレイな状態で長く、気持ちよく使うことができます。

このように掃除をとおして、見えないところにも配慮したり、対処したりする習慣が身につくと、物に対してだけでなく、毎日の生活の中で人に対する接し方にもそれが生きてきます。

見えにくいことに気づけることは、とても大切なことだと思います。私は、見映えだけを気にする掃除をしていると、自分自身も表面的な人間になってしまうような気がします。

疲れていたり、面倒に感じたりする時は、軽く拭き掃除をするだけで十分です。完璧でなくても大丈夫。できる範囲で、無理せずキレイにしていきましょう。

第 3 章

苦手で
面倒くさがりな
人のための掃除法

30

家の各場所の掃除の際に気をつけるべきポイント 1

掃除のおよそのやり方はわかっても、具体的にどこをどう掃除したらよいかは迷うもの。そこで、家の各場所の掃除法をお伝えします。一人暮らしの住まいにも備わっている基本設備を中心に、掃除のポイントを紹介します。

【玄関】

玄関は湿度の高い場所です。除湿剤を置いて、においやカビを予防しましょう。

市販の除湿剤でなくても、重曹の粉を置いておけばOK。小さな容器に重曹を入れて、口の部分に穴を開けたラップやストッキングを被せておくと、倒れても安心です。目安として、半年に一回交換してください。

下駄箱の棚に新聞紙を敷いておくと、消臭効果があり、掃除もラクにできます。新聞紙がなければ、包装紙やカレンダーの紙を使っても構いません。

わが家では、玄関にハーブやハッカ油を置いて、香りを楽しんでいます。虫除けにもなります。

玄関まわりが散らかって、嫌なにおいがしていたら、好印象を持ってもらえないだけでなく、周囲にも迷惑をかけてしまいかねません。私も、玄関をキレイにすることは大切だなと思います。

【リビング】

フローリングの場合、ラグやマットの上にテーブルを置いて使っていることが多いと思います。その時一番汚れやすいのが、下に敷いたラグやマットです。こぼした食べ物や飲み物などで汚れやすいうえ、裸足で踏むことによって、汗や皮脂で汚れて、においも出てきます。冬場のコタツも同じですね。

ラグやマットは、こまめに干すことが必要です。絡んだ髪の毛や糸くずなどは、布団たたきにブラシが付いたものが売っているので、それを利用すると便利です。または、掃除機を使って取りましょう。

わが家は1か月に1度、マットを洗濯して交換しています。繊維でできたものはにおいを吸い込み、汚れてくると色も変わってきます。ダニも出てくるので、頻繁に干したり洗濯したりしましょう。

ソファーにはカバーを付けると、汚れたらカバーを洗えばいいので簡単です。ビーズクッションやマッサージチェアーは、マルチカバーを使ったり、シングルのタオルケットをかけておいたり。マッサージチェアーは、使う時だけカバーを外します。

カバーは手軽に洗濯できるうえ、イメージチェンジも楽しめます。気分がいまーつの時は、明るい色のカバーに変えるだけでも、部屋の雰囲気が違って見えてくるので、おすすめです。

わが家は結婚した時に薄い色の革のソファーを買ったのですが、汚れやすいのですぐにカバーを付けることに。革製の場合、クリーニング代が高いうえ、クリームを塗るなどのお手入れが必要。直射日光にも弱く、デリケートなので、わが家向きではなかったかもしれないなと思っています。

【フローリング・和室・カーペット・マット】

フローリング・和室・カーペット・マットはいずれも直射日光に弱いので、日当たりのよい部屋は、カーテンやブラインドで調節したり、敷物で工夫したりする必要があります。

和室・カーペットは表面の凹凸が大きく、ダニが発生しやすいので、こまめに掃除機をかけてください。タテとヨコ、双方向にゆっくりと掃除機をかけます。においや湿気も吸収しやすいので、換気も必要です。フローリングの家の場合でも、各部屋にマットを敷いている場合は同様です。

また、和室・カーペットはシミがつきやすいので、何かをこぼした時はすぐにぬるま湯で拭き、乾いたタオルで水分を吸い取ってください。その時、最初に洗剤を使わないこと。

例えば、ワインのような濃い色の飲み物をこぼした場合でも、まずぬるま湯をスプレーでかけて、タオルで水分を取ります。たたかずに吸い取ってください。どうしてもあとが残る場合には、食器用洗剤や洗濯用洗剤を使ってください。すぐ対処できるように、普段から取り出しやすいところに掃除用のタオルなどをまとめて置いておくといいですね。わが家では、着古したシャツやパジャマ、下着などを使いやすい大きさに切っておき、使ったら捨てるようにしています。

マットは、玄関・ベランダ・トイレ・浴室・ベッドの前など出入口に敷くと、汚れの広がりを防ぐことができます。

最近は厚さが2～3㎜で、裏面が吸着式になっているものもあり、マットを敷くと段差が気になる人、足をひっかけやすい人におすすめです。タイル式に組み合わせられ、汚れたら外して丸洗いできるタイプもあります。ペットショップで販売している犬猫用のものでも代用できます。

マットを使わない場合は、こまめな掃除を心がけてくださいね。

家の各場所の掃除の際に気をつけるべきポイント1

■玄関

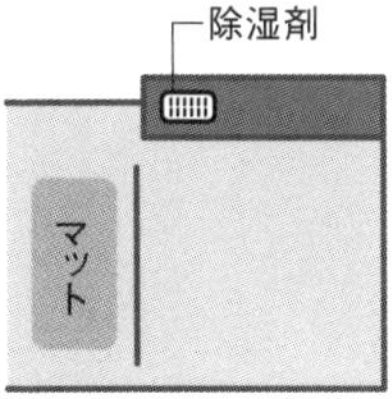

除湿剤を置いて、
においやカビを
予防する。
靴は下駄箱の中に

■リビング

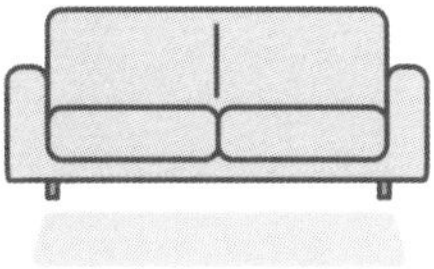

ラグやマットを
こまめに干す

■フローリング・和室・カーペット

カーテンやブライ
ンドなどを利用し、
直射日光を避ける

■マット

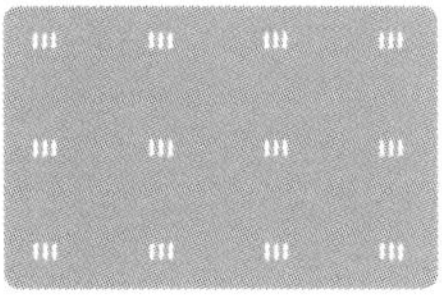

出入り口に敷き、
汚れの広がりを
防ぐ

31 家の各場所の掃除の際に気をつけるべきポイント 2

【浴室、シャワールーム、ユニットバス】

入浴後、浴室の床と浴槽の底をブラシで一回なでるようにして汚れを取ったら、壁や浴槽全体にまんべんなくお湯をかけて流します。その後、水をかけて、スクイージーで上から下に向かって水滴を払い落とし、できるだけ水分を残さないようにします。

その後、ドアを少し開けて、「送風」モード、または換気扇のスイッチを入れて、1時間半乾かしてください。

浴室・シャワールームは、換気が一番大事です。換気しないと、カビが生えたり、水分が残ったところにカルキ（白い水あか）がついたりしてしまいます。特に、アクリルやガラス製のドア、鏡などはカルキがつきやすいので、水滴を残さないように乾拭きしてください。そして、排水口にたまった髪の毛やゴミは毎回取り除くこと。

わが家は普段はそれだけやっておき、月2回、しっかりめの掃除をしています。

ドアが折れ戸・引き戸タイプの場合は、換気の時、全開にすると、戸が折り畳まれた状態になってしまうので、戸にも空気が通るように開き方を加減してください。

折れ戸・引き戸タイプのドアは素材がプラスチックやアクリルなので、カビなどの汚れがしみ込みやすく、掃除では除去できないケースもあります。水分を残さないように拭き上げてください。ドアにガラスが多く使われているタイプはスクイージーを使うとラクです。

シャワーヘッドは使ったあと、ヘッド部分を左右に振ってホースの中に残った水を出して拭き上げれば、カルキの付着を防げます。

シャワールームは、シャンプーやリンスを置く台が壁面に付いていますが、プッシュしたシャンプーなどが垂れて固まると、取るのが大変です。使ったら必ず熱いお湯で流しましょう。

わが家はシャンプーやリンスは普段は浴室の外の棚に置いておき、使う時だけカゴに入れて持ち運んでいます。洗い場の床や浴槽の縁などに物を置かなければ、汚れがつきにくく、掃除もしやすくなります。

浴室乾燥機は、ホコリがたまると効きが悪くなるほか、たまったホコリが水を吸い込んで固まったところにカビが生えると、たちまち周囲にカビが広がってしまいます。フィルターは外してホコリを取った後、洗濯洗剤を使ってブラシで洗い、乾いたら戻します。折れやすいので、洗う時は平らなところに置いて行いましょう。

浴室乾燥機を使って洗濯物を干す時は、「乾燥」モードを使います。使用時間は、わが家は長くても2時間半まで。その後、「送風」モードにして1時間半、ドアを少し開けておきます。それから洗濯物を浴室から出し、空気に触れさせてから畳んでいます。長時間「乾燥」モードにしていると、換気扇のカバーが変色・変形してしまうことがあるので、気をつけてください。機器交換には費用も作業時間もかかってしまいます。また、「乾燥」と「暖房」を間違えて使っている場合もあるようです。

【トイレ】

便座は毎日必ず拭いて除菌しましょう。**トイレはにおいが発生しやすい場所。ドアの閉まった狭い空間のため空気がこもりやすく、特に夏場は温度が上がり、便座に汗もつくので、雑菌が増えやすくなり、要注意です。**

なかでも汚れやすいのが、タンクの上の手洗い吐水口《とすいこう》、便器の内側のフチと吐水口、便座の留め金具、便器と床の境目です。温水洗浄便座は、ノズル部分も必ずチェックしてください。カビや汚れがつきやすい場所です。

そのほか、においの意外な発生源が、壁、床、便器の後ろです。便座に座って、周囲一周、手すりやペーパーホルダーから下の部分を、除菌シートで拭きます。ドアも忘れずに拭いてください。ドアの蝶番《ちょうつがい》もホコリがたまりやすいので、ついでに拭いておきます。立って用を足すと広範囲に汚れやすいので、特に男性は気をつけてください。

もう一つ、においの原因となりやすいのが、トイレブラシです。使った後、そのままにしている場合が多いと思います。便器を洗ったついでにブラシも洗い流し、ベランダなどで乾かしてからしまいます。

トイレは湿度が高いため、除湿剤を置きましょう。竹炭を置いておくだけでもOKです。夏場はドアを少し開けておくなど、換気に注意してください。

換気扇は、カバーの表面に付いたホコリを拭き取ります。トイレの換気扇は手が届きにくい高い場所にあるので、ハンガーに湿り拭きタオルや除菌シートを巻いたもので拭くのがおすすめです。使用頻度が高い場所ほどホコリが入り、換気扇にたまりやすくなります。そのため、トイレと化粧室の換気扇はもっとも汚れやすいので、こまめに拭くようにしてください。キレイにしておくことで、換気の効率が上がり、電気代の節約にもなります。

家の各場所の掃除の際に気をつけるべきポイント2

■浴室・シャワールーム

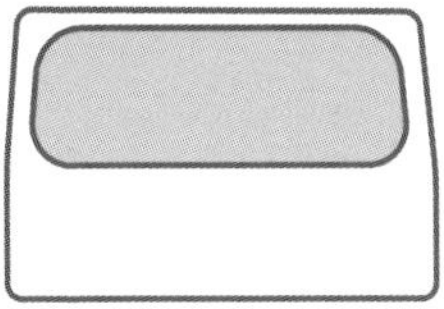

ブラシで一度なで、
お湯をかけて流し、
その後水で冷やし、
水分を除去する

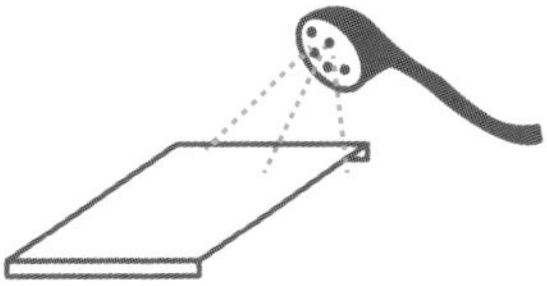

シャンプーやリンスを
置く台も使ったら
熱いお湯で流し、
その後水で冷やし、
水分を除去する

■換気扇

ホコリがついていたら
拭き取る

■トイレ

便座は毎日拭いて
除菌、壁の低い所
や床も汚れやすい

トイレ内の飾り物などもホコリがつきやすいので、1か月に1度はホコリを取りましょう。わが家は小さな飾り物をたくさん置いているので、1日1個ずつホコリを拭き取るようにしています。ひと月でひととおりキレイになる計算です。

においが気になる時は、穏やかな香りの天然のオイルを使ったり、香り付きのトイレットペーパーを使ったりしてもいいですね。余った香水を使って工夫するのもおすすめです。

色付きの芳香剤や洗浄剤は、古い便器の場合、傷のあるところに色素が入り込んでしまうことがあるので気をつけてください。

わが家はトイレにスリッパは置かずにマットを敷いて、1週間に1回洗っています。便座カバーは、つけると掃除がしにくくなるので使っていません。

32

家の各場所の掃除の際に気をつけるべきポイント 3

【ベランダ】

ベランダに植木鉢を置いている場合、床に落ちた木の葉や土や砂をこまめに取り除いてください。

マンションやアパートの場合、それらが排水口にたまると詰まりの原因になります。台風や大雨などいざという時に周囲に迷惑をかけてしまいます。

ベランダの床はデッキブラシで洗います。油分を含む汚れなので アルカリ性洗剤を使ってください。なければ、食器用洗剤や洗濯用洗剤でもOK。ベランダでスニーカーなどを手洗いした時に、こぼれた洗剤液でついでにこするくらいで十分です。

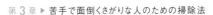

エアコンの室外機は、表面を水拭きします。

【窓ガラス・網戸】

窓ガラスは、外側と室内側で汚れの種類が異なります。外側は排気ガスなど空気中の汚れや、砂、鳥の糞など、室内側は料理の油やホコリによるものです。

掃除の前に、窓の下を新聞紙などで養生して、床が汚れるのを防ぎます。外側を掃除する時は、最初にホースで水をかけて流すか、水に濡らして軽く絞ったタオルを使って一方向に動かして拭き、表面についた土や砂を落としておきます。

水3ℓに食器用洗剤を小さじ2杯分入れた洗剤液を作り、タオルに含ませて、窓全体にまんべんなく塗ってください。軽い汚れの場合は洗剤を使わず、水でOKです。

その後、スクイージーで水分を取ります。窓に対してスクイージーのゴムが45度の角度で当たるようにして、上から下へ一気に引き下ろすと、キレイに水分が取れます。

最後は、下部にたまった水を、左から右へ横に引いて右端に集め（右利きの人の場合）、サッシにタオルを当てて拭き取ります。手の届きにくいところはポール（柄）付きの道具を使いましょう。

タバコを吸う人は、特に、室内の窓がヤニで汚れがちです。窓枠などが黄色くなってしまった時も、食器用洗剤を使って拭きます。

サッシの溝は、砂や髪の毛、木の葉などがたまったり、虫が潜んだりしやすい場所です。ブラシで溝を掃いて、汚れを取り除きましょう。

また、サッシの汚れを長期間そのままにしていると、そこに入り込んだ雨水と反応して、腐食してしまうことがあります。古い建物のドアや窓枠に白い斑点が出ていることがありますが、それが腐食で、広がると部材の交換が必要になります。雨が酸性のため、放置すると腐食してしまうのです。

網戸は外さずに、水で濡らしたタオルで両側からサンドイッチのように挟んで拭きましょう。強く押すと、枠から外れてしまうので気をつけてください。雨戸やシャッターは、ほうきで汚れを払います。外側は高圧洗浄機が使えますが、室内側はスイッチやセンサーがついているので故障を防ぐためタオルで拭きましょう。

わが家は雨の日に、高圧洗浄機を使って窓を洗っています。マンションなので、雨天のほうが屋外で水を使いやすく、掃除しやすいです。

【カーテン・ブラインド】

カーテンは、掃除機でホコリを取ったあと、ネットに入れて洗濯機で洗います。素材によっては水洗いできないものもあるので、洗濯表示を確認してください。

ブラインドは種類によって材質もさまざまですが、共通しているのはホコリを取ること。材質や形に合わせて、用具を選びましょう。

家の各場所の掃除の際に気をつけるべきポイント3

■ **ベランダ**

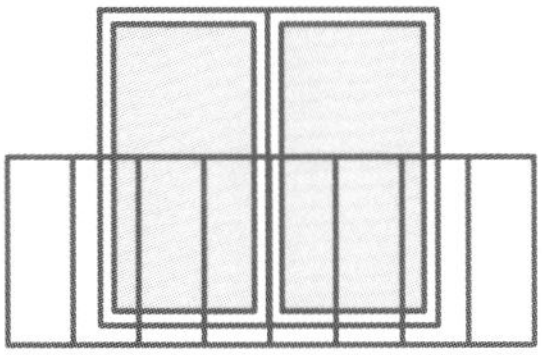

ベランダの床は
デッキブラシで
洗う

■ **窓ガラス**

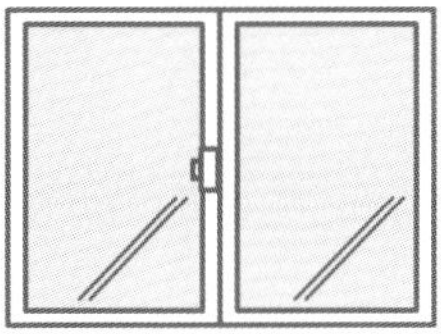

外側と内側で
汚れの種類が
異なるので
注意する

■ **網戸**

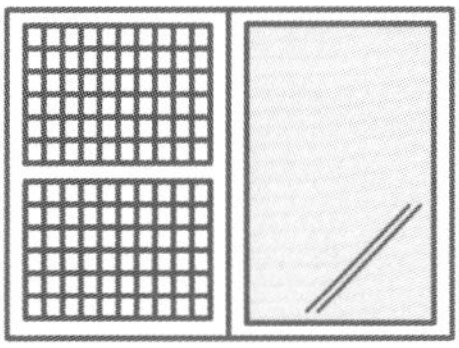

外さずに両側から
サンドイッチの
ように挟んで拭く

■ **カーテン**

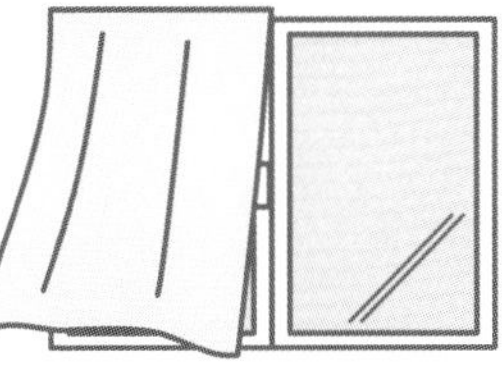

掃除機で
ホコリを取ったあと、
ネットに入れて
洗濯機で洗う

33 家の各場所の掃除の際に気をつけるべきポイント 4

【冷蔵庫】

冷蔵庫の扉は、開ける前に手を拭くようにします。それにより、扉に汚れがつくのを防ぎ、衛生面をアップさせることができます。

庫内も清潔を保つことが大切ですが、電源を抜いて、中に入っている物をすべて取り出して拭き上げるのはなかなか難しいです。

例えば、今日は扉のポケット部分、明日は上段、明後日は二段目……というように、場所を決めて数回に分けてキレイにしていきましょう。

外せるパーツは丸洗いします。庫内は冷えているため洗剤がなじみにくいので、お湯を使うのがおすすめです。お湯でパーツを洗ったり拭いたりしたあと、重曹水で拭いて、水拭き、乾拭きをします。

重曹水は、ぬるま湯1ℓに重曹小さじ2杯を溶かしたもの。重曹水で拭くことで、においもすっきり取り除けます。

わが家では掃除がラクになるように、扉部分の調味料を置くスペースの下にはペーパータオルを、庫内の棚やボックスの底にはカレンダーや新聞紙を敷いています。缶などを置く時も直接置かずにカレンダーを敷き、汚れたらその都度取り換えています。大掃除の時には全交換します。

冷蔵庫の上にも新聞紙を敷いて、1か月に1度交換しています。

冷蔵庫は放熱しているので、上部の面は空気中の油が付着しやすく汚れやすい場所です。料理をしている時に換気扇を動かしても、油分を含んだ空気は室内に漂います。

また、わが家では節電対策として、冷蔵庫の中にビニールカーテンを取り付けて、冷気が逃げにくくしています。百円ショップのものを使っています。

【リビングまわり】

照明などのスイッチまわりは、最も汚れやすい場所の一つです。

最近はリビングとキッチンがひとつながりになっている家が多いと思います。ドアがなくても、仕切りの枠が壁に付いていませんか？

枠の部分は、普段、気に留めない場所ですが、付近に照明のスイッチなどがあるので手で触れやすく、汚れていることが多いので、チェックしてみてください。

また、室内の壁に取り付けられたインターホンとその付近も、手で触れたり、それに向かって話したりするため、汚れやすい場所です。いずれもこまめに拭くようにしてください。

食器棚は、冷蔵庫と同じように、よく触れる扉の部分を拭いてください。棚の中は、市販の食器棚シートを利用するといいですね。

【キッチンまわり】

キッチンで料理をしたあとは必ず、ガス台や調理台、ごみ箱、冷蔵庫などの表面を拭きましょう。濡れた手であちこちに触って、汚れがついていることがあります。濡れていたら必ず拭き取ってください。

水拭きでいいので、すぐに拭くことが大切です。それによって、汚れがすぐ落ち、雑菌の広がりも防げます。

シンクの掃除も、食器などを洗ったついでに済ませてしまいましょう。食器用洗剤とスポンジを使って、シンク全体を洗います。排水口はブラシで軽くこするようにして、汚れを落としてください。

自炊をしない人でも、シンクはよく使うのではないでしょうか。シンクを使う前には必ずシートを置いて使いましょう。シンクに傷がつきにくくなります。

くわえて、できるだけ毎日洗いましょう。シンクをこまめに掃除できない場合は、排水口の中の水がたまっているところに、食器用洗剤を少し（原液の場合は小さじ半分程度）入れておきます。それによって、汚れがつきにくくなります。

配管の中で油分が固まって、水が流れなくなってしまうこともあります。キッチンのシンクは油分を含んだものを扱うことが多いので、必ず洗剤を使って洗い流すようにしてください。

また、熱湯はそのまま流すと配管が傷んで、トラブルにつながることもあります。キッチンで多く使われている塩ビ管の耐熱温度は、約60～70℃です。水と一緒に流すなど、温度を下げて流しましょう。

家の各場所の掃除の際に気をつけるべきポイント4

■冷蔵庫

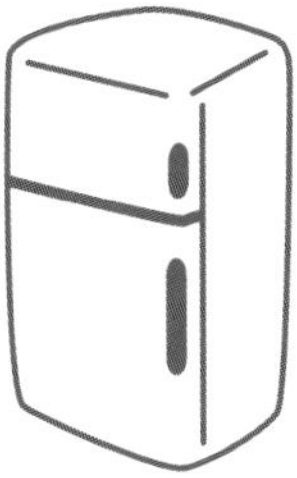

冷蔵庫の扉は
開ける前に手を拭く

■リビングまわり

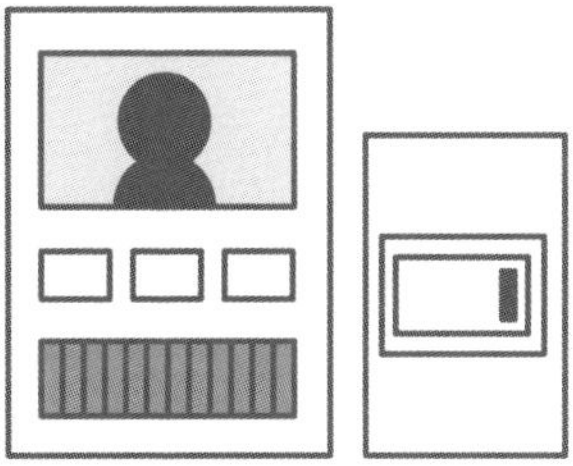

照明のスイッチや
インターホンと
その付近は
汚れやすい

■キッチンまわり

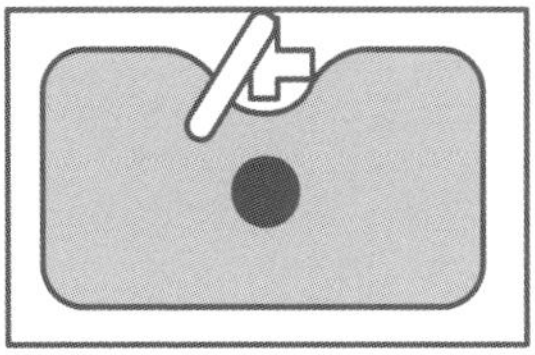

＊シンクにキズがつきやすいのでシートを置く

料理後、
食器を洗う
ついでに
シンクを洗う

34

用具が揃っていない

掃除用具は家にあるものやもらったものを活用できますが、最低限の用具は揃える必要があります。

私の勤め先の若い社員の家に行くと、室内で犬も飼っているのに、部屋の掃除に使っている用具はフローリングワイパーだけでした。

掃除機とホコリ取りは必要です。掃除機があれば手早く、細かい粉塵まで吸い取れます。また、上部はホコリ取りで掃除しないと、どんどんホコリがたまってしまいます。

本人は「シンクはこまめに掃除しています」と言うのですが、シンクの表面はキレイでも、段差の部分が汚れていました。彼がシンク掃除に使っている用具を見せてもらうと、大きなヘッドのブラシ一本。汚れが残っていた原因は、用具が合っていなかったためです。私から説明を聞いて、初めてそれに気づいたそうです。

洗剤の持ち合わせも少なく、食器用洗剤、ハンドソープ、クレンザーだけでしたが、洗剤は用途が違っても性質が同じなら使うことができます。

例えば料理の時、調理台に油が飛んだら、食器用洗剤で落とせます。油汚れは、アルカリ洗剤がなければ、食器用洗剤や洗濯用洗剤を使っても落とせます。

ある時、洗面器を洗うのにちょうどいい洗剤がなかったので、洗濯用の粉洗剤をまいてスポンジでこするとピカピカになりました。

洋服に使える安全なもので、皮脂などを落とす効果のある洗剤なのだから、顔を洗った時の油分など、洗面器に付着した汚れにも使えますよね。

35 時間がない

仕事を中心に生活していて、時間がないという人が多いと思います。でも、生活していくためには掃除をする必要性も頭に入れないといけません。

では、何分だったら掃除できるでしょう。

「2~3分しか時間が取れません」

「いくつもの掃除はできません」

それでもOKです。

部屋の広さにもよりますが、毎日できなくても、1日おきでもいい。1週間に

1回でもいいので、その人のペースで、とにかくやり続けることが大事です。

「時間がない」というのは、言い訳になってしまいます。

道具ばかり揃えがちな人は、掃除をしようという気持ちはあります。それで買ったけれど、結局できなかった。「時間がなくてできなかった」とみなさん言います。

時間がない人におすすめなのが、運動することも兼ねて掃除をしようという考え方。腕を伸ばしてストレッチしながら高いところのホコリを取ったり、歩いて移動しながら拭き作業をしたり、やり方を工夫して、「運動の時間＝掃除の時間」にしていくと、上手に時間が使えます。

年配の人も、体を動かす習慣の一つとして、掃除をとらえてもらえるといいですね。

36

ゴミがたまりがち

ゴミの回収日が頭に入っていなかったり、ゴミを出すタイミングが自分の生活リズムと合っていなかったりすると、家の中にゴミがたまってしまいます。

玄関の付近に、「燃えるゴミは◯曜日」など、回収日を大きく書いて貼っておくと、家を出る時に確認できるので忘れずに済みます。わが家は、自治体から届く案内をそのままドアに貼って使っています。忘れ物注意のチェック表も作って貼ってありますよ。いつでもゴミが出せる集積所のあるマンションなら、出かける時など、こまめに捨てるようにしましょう。

また、使っているゴミ箱のサイズが合っていないため、あふれたゴミをつい部屋のあちこちに置いてしまっている場合もあります。

ゴミ箱は、最初はどのくらいのサイズがいいのかわからないので、あえてすぐには買わず、家にあるダンボールやバケツなどに袋を被せてゴミ箱代わりにしながら、しばらく観察してみるのがおすすめです。家の広さや生活のしかたに合わせて、どこにどのようなゴミ箱をいくつ置くのか決めていきます。わが家は全部の部屋に一つずつゴミ箱を置いています。

ゴミ箱は、必ず袋を用意し、被せて使いましょう。**その時、袋の中に新聞紙を重ねておくと、ゴミを入れている途中でいっぱいになって袋が破れたりした時でも汚れが広がらずに済みます。**

食べ物の容器など、汁気のあるものはざっと水で流し、生ゴミは要らない紙で包み、においを出さないようにします。におうと、虫やネズミが出やすいので注意してください。

ゴミを入れる時に、市販の消臭スプレーを1プッシュするのもいいですね。わが家はゴミ箱のフタの裏に重曹をつけてにおいを防いでいます。

37 ビンや缶の処理について

私が面倒くさいなと感じるものは、ビンや缶のゴミ。大中小いろいろなサイズがあり、ゴロゴロしてまとめにくくて苦手です。丸みのあるものなので転がりやすく、袋に入れてまとめておかないと危険です。自分がケガをしてしまう原因を作ることになるので、面倒でも片付けておくようにしています。

わが家は、ビンや缶は水ですすいだあと、逆さに干して、キッチンと通路の間に置いたゴミ袋に入れています。いっぱいになったら、マンションのゴミ集積所に持って行き、分別しています。

飲み終わったあとの容器をそのまま置いておくと、虫が出てくるので気をつけてください。飲みかけのものは密封すること。においも外にもれずに済みます。

38

来客時に気をつけること

家を訪ねて来てくれる相手のことを思って、心地よい空間をつくりましょう。玄関から入ってくる時に通るところや、室内の目線の高さにある物はキレイにしておきたいですね。立っている時と座っている時の目線、両方を意識してください。例えば、ソファーに座ってもらうなら、ソファーの向かいに置いてある物のホコリを拭取っておきます。

私の場合は、自分のマイナスの部分はあまり見せたくないので、散らかっている物を整えるほか、人に見られたくない物は、全部片付けておきます。

急な来客もあるので、整理整頓と掃除は日ごろから気をつけておく必要があります。

特に、においは隠せません。生ゴミは袋の口を閉めたり、ゴミ箱のふたを閉めるだけでなく、一枚紙を上にのせたり、工夫するのも大事です。トイレ、洗面台、浴室、キッチンのシンクや洗濯機の配管などの水まわりは、使っていなくてもにおいが出るので、こまめに水を流すようにしましょう。

においの発生源はそのほか、エアコンや吸排気口、下駄箱の靴、ペットや植木の土などたくさんありますが、出やすいところを押さえておけば一つずつ対処していくことは可能です。

39 見逃しやすいもの

【植木】

室内の植木にはホコリがたまります。植物の葉を一枚ずつ拭くのは大変なので、定期的に水をかけて流します。時間がある時に、ベランダや外で行ってもいいですね。その周囲がキレイでも、本来つやがあるはずの葉がホコリで曇っていたら、植木にもよくないし、部屋で過ごす自分もそれを吸い込んでしまいます。

【エアコンまわり】

エアコンは上部と両サイドにホコリがたまりやすく、その周囲の壁も風の当たる場所と当たらない場所の間に線が出やすいので、チェックしてください。

エアコンは、フィルターのホコリを掃除機で吸い取り、本体の外側と送風口を重曹水を使った湿り拭きタオルで拭きます。内部は手の届くところをザッと拭き、それ以上の分解掃除はプロの業者に依頼しましょう。無理に掃除をすると故障の原因になります。

【ドアの枠】

ドアを開けた時、ドア枠の周囲にホコリがたまりがちです。横から見上げてみてください。天井が高いと、ホコリの積もるスピードは遅く、低いほど速くなります。

【テーブル】

一人暮らしでは、一つのテーブルで食事や書き物などあらゆることを済ます場合が多いと思います。

テーブルの上には、絶対に物を置かないようにします。

夜遅く帰ってきた時に、テーブルの上に何かを置いて、朝もそのまま慌てて出かけて、また帰ってきた時に何か置いて……ということを繰り返していくと、どんどんテーブルの上の物が増えて、邪魔になっていきます。

また、それを片付けたり掃除したりするのが面倒になっていきます。リモコンもテーブルの上に置かず、棚の上など、別の置き場所をつくってください。

私は一人暮らしをしていた時、こたつ式の、まわりに6人ぐらいは座れそうな、大きなテーブルを使っていました。その上に物を置いていたのですが、そのうちにホコリがたまり、置いた物が積み重なって、使いたい物が見つからなくなってしまいました。それをきっかけに、テーブルの上に物を置くのをやめました。

40

ゴキブリ・チョウバエ

ゴキブリは、さまざまなところに潜んでいます。一人暮らしを始めて、最初のうちは料理をしていたものの、そのうちに飽きてやらなくなる人が多いようです。その場合、レンジフードやガス台、焼き物の網などがゴキブリの住みかになりやすいので注意してください。そこからにおいも出ます。

エアコンのドレンホースからも、ゴキブリは部屋に入ってくると言われています。防虫キャップをつけておくと安心です。百円ショップでも売っています。

そのほか、植木鉢の底の穴に巣を作り、そこから出てくることもあります。産卵数が多いので、わが家は姿を見かけたら寝ないで退治します。

また、梅雨時などに、キッチン、浴室やベランダの排水口からチョウバエが出てくることもあります。わが家は、粉末タイプのチョウバエ用殺虫剤を使っています。シンクの排水口に薬剤を入れ、2時間ほど置くだけで駆除できます。

41

趣味の物

趣味の物は、生活用品と違って、毎日使うものではない場合が多いと思います。自分にとってしっくり来る場所に置き場所を定めます。間取りに余裕がある人は、一室を趣味の部屋にして、その部屋の棚に関連する物をすべて収めるのもいいですね。

棚に収まらないような形・サイズの物は一か所にまとめて置き、長い物は寝かせましょう。

ホコリを防ぐため、棚にはカバーをかけてください。また、空気を循環させることも必要です。扇風機を使って、1日1時間だけでも風を通すと、革製品や本などのカビの発生や変質が防げます。趣味の物は、こまめに見るようにすることが大切です。見ることで、ホコリや湿気、においなど、問題が起きる前に変化に気づいて対処できます。

【ぬいぐるみ】

ぬいぐるみはホコリを被りやすくダニが出やすいので、汚れてきたら洗いましょう。私は、繊細な物やクタッとした感じの物は手洗いしていますが、それ以外は洗濯機で洗っています。二重にした洗濯ネットに入れ、隙間があればタオルを詰めて型崩れを防ぎます。

長期間しまっておく場合は真空保存がおすすめです。洗って干したあと、圧縮袋に入れて真空パックにして保管します。

わが家はぬいぐるみの数が多いので、よく抱きかかえる物以外は、夏用と冬用に分けて、「今度はこっちの番だからね」と入れ替えています。和室の押し入れの中身は全部、順番待ちのぬいぐるみです。ネジを巻くと踊るぬいぐるみなど、圧縮できない物は、2、3点ずつケースに入れてしまっています。

また、飾り棚などに並べたぬいぐるみは、換気が必要です。私の場合は〝会いたい時は空気を通す日〟のようなイメージで、「今日は外の空気を吸いましょうね」と、朝に扉を開けて、夜に「おやすみなさい」と閉めています。

【飾り物、ビスクドールなど】

置き物や飾り物など、ホコリがたまった状態になっているのをよく見かけます。忘れずに掃除してください。

置き物は、掃除機で表面のホコリを吸い取ったあと、マイクロファイバークロスで乾拭きします。静電気を起こしやすい物はタオルを使います。

掃除機をかけられない物の場合は、ハケや、パソコン用のエアダスターやカメラ用のブロアーを使って、ホコリを吹き飛ばします。

持ち上げる際には、万が一に備えて、クッションやタオルを下に敷き、もう片方の手を物に添えて、支えるようにしながら作業しましょう。手袋をはめて扱ってくださいね。

イタリア人のおばあさんの家に伺った時、陶器の古いお人形が置いてありました。ドレス姿で、昔の帽子を被って、小さな靴下を履いているのですが、ホコリで薄汚れてしまっていたので、ホコリを掃除機で吸い取り、ドレスを脱がせて手洗いしたところ、「こんなにキレイになるものなの？」と、おばあさんがびっくりされていました。

【本】

本は、適度な湿度と温度を保つ必要があります。特に、湿度が高いと虫が発生しやすいし、本も変色しますので気をつけてください。

わが家の夫の部屋は、棚に並んでいるのがほとんど本なので、エアコンを毎日つけるようにしています。

書棚の周辺にたまっている目立つホコリを掃除機で吸い取ったあと、1段ずつ本を移動させて、空いた各段を乾拭きしてホコリを拭き取ります。ホコリ取りを使ってもいいですね。こまかい粉塵は水拭きで落とし、乾いたら本を戻します。

水拭きした場合は、扇風機を1時間ほど当てて乾燥させます。

【ブランド品】

ブランド品は、一点ずつカバーに入れて保管しましょう。ケースは捨てずに取っておき、その中にしまいます。

本体を守ってくれるのはもちろん、ケースだけで売れる価値のある場合もあります。カバンなどは使ったら表面を拭き、しばらく時間をおいて換気してからケースにしまい、ホコリが被らないように保管します。

私はなかなかそこまで管理できないので、ブランド品は買わないし買えないのですが、大切に保管すれば、古くなっても売ることも可能な価値のある物です。

【化粧品】

化粧品のなかでも、持っている数が多いものは口紅でしょうか。

通販で口紅を買った時、どの色も美しく見えて、つい全種類揃えてしまい、ケースの中がいっぱいになってしまったことがあります。私は化粧ケースを自分で改造して、メイク道具を口紅、眉用、目元用など、用途別に分けて入れるようにしています。

基礎化粧品やクリーム類は、整髪料やブラシ、歯磨き粉などと一緒に、洗面台の横に置いています。**ただそこにポンと置くのでなく、大きなお菓子の箱や缶の中に、分類して入れています。**

ブラシやクシは手ぬぐいを上に被せて、使う時に外して使っています。それらの箱を低い脚付きの台にのせておくと、洗面台を拭く時に掃除しやすく、箱裏も濡れたりさびたりしないのでおすすめです。また、上からシャワーキャップを被せれば、ホコリや水はねによる汚れを防げます。

【スケートボード】

スケボーは使ったあと、車輪をきちんと拭いて油をさすなど、毎回手入れをする必要があります。**裏返して保管します。**

【筋トレ道具】

さまざまな筋トレ道具は、種類ごとに箱に入れると整理しやすくなります。

ダンベルは重量があり、座って使うことも多いので、わが家ではお菓子の缶の箱に入れて、棚の下に置いています。ハンドグリップは小さい箱にまとめて入れています。

縄跳びやチューブ、健康器具類は、すべて上からタオルを被せて置いています。

【その他、掃除のやり方がわからない物】

掃除のしかたがわからない物については、「放っておこう」「見ないようにしよう」より、**「そのまま置かずにカバーなどを被せておこう」**がおすすめです。

私は職場のパソコンにホコリがたまるのが嫌なので、モニターとキーボードにタオルを被せています。簡単な汚れ予防策です。

趣味の物で注意が必要な物

ぬいぐるみ

飾り物、ビスクドールなど

本

ブランド品

化粧品

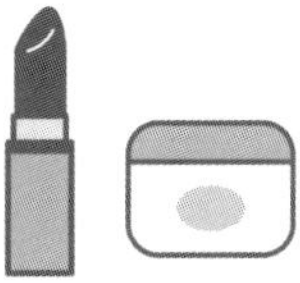

スケートボード

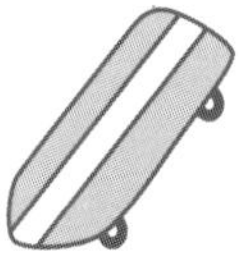

筋トレ道具

42

たばこの注意点

たばこを吸う時は、換気扇の下がおすすめです。ベランダで吸うと、マンションなどの場合、煙が流れて、窓からほかの家の中に入ってしまいます。迷惑をかけてしまいますので注意してください。

吸い殻は、金属や陶器の容器などに入れ、すぐ上からフタをします。それからすぐに水に浸け、袋に入れて処分します。

タバコの煙は、壁のクロスの変色やにおいの吸着を招くため、吸った後も15分ほど換気を続けてください。

また、吸い殻を容器いっぱいにため込んでから捨てる人が多いようですが、周

たばこの注意点

換気扇の下で
吸う

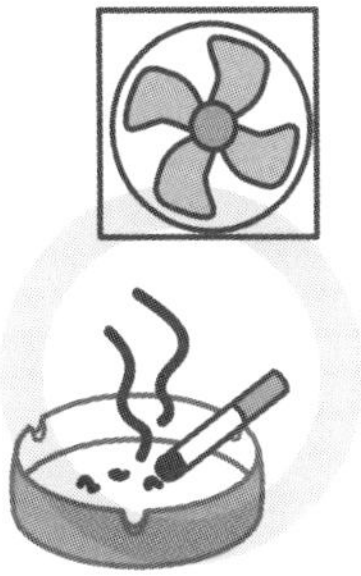

燃えにくい素材のものを
灰皿の下にしく

携帯用吸い殻入れは
家の中では
使わない

電子たばこの
充電は布団から
離す

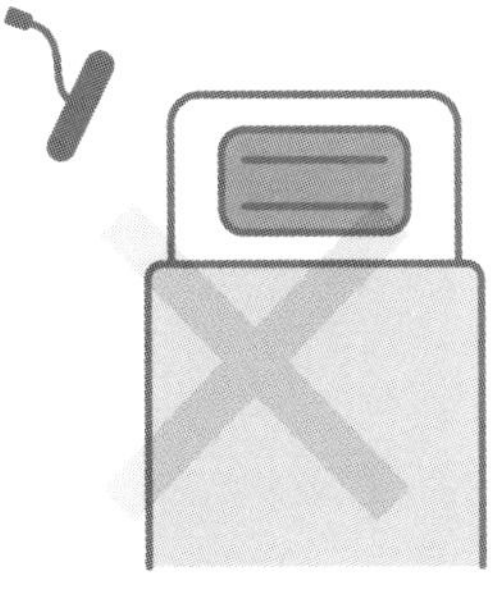

りに灰が飛ばないように、こまめに捨ててください。

携帯用の吸い殻入れは、下に火がまわってしまうこともあります。家の中で使うのはやめましょう。

ガラスの灰皿は底に厚みがありますが、ステンレス製の物は薄くて熱が伝わりやすいので、注意が必要です。燃えにくい素材のものを灰皿の下にしくようにしましょう。また、灰皿のまわりに物を置かないようにすることも大切です。特に、布団は危険、離れて吸いましょう。


電子たばこの充電も、布団から離して行いましょう。寝ている間に充電する時など、万が一、発火した場合のことを考えて、安全第一で。スマホや携帯電話の充電も同じですね。

火事にならずに済んでも、借りている部屋を焦がしてしまったら修理代が高くついてしまいます。

43

お酒をこぼした時

お酒をこぼした時は、すぐにぬるま湯で拭き、その後、お湯で拭きます。

特に赤ワインなど色のついたものは、時間が経つと落ちにくくなってしまいます。また、糖分のついたところには微生物や虫が発生しやすいので気をつけて。

よくお酒を飲む人は、例えばいつもソファーで飲むなら、その上にカバーを被せておくと安心です。子どもがジュースを飲む時と同じですね。誰でも「絶対にこぼさない」ということはありませんから。

おつまみをこぼした時は、大きな物は手で拾い、掃除機をかけます。必ずテーブルの上で食べるようにするなど、床にこぼさない工夫をするのもいいですね。

わが家では低いテーブルを使っていて、フローリングに座って食事をします。フローリングに真っ白なシートを一枚敷いておき、こぼれたらすぐ拭ける状態にしています。

ホームセンターなどでよく売っている塩ビシートで、長さを好きなようにカットできるタイプのものです。夏は涼しくて気持ちがいいです。

また、テーブルの横にもう一つ小さな台を用意して、そこにキッチンペーパーやウエットティッシュなどを置いています。必ずゴミ箱もそばに置くようにしています。

44

嘔吐物の処理

一人暮らしでも、ほかの人が訪ねて来た場合を考えて、嘔吐物の安全な処理のしかたを覚えておきましょう。

何かがこぼれて広がっている時、最も量が多いのは中心部分の場合が多いと思います。**嘔吐物の場合も、周囲から少しずつ乾いていくので、周囲に先に洗剤をかけてやわらかくします。**洗剤ではなく、お湯や水でも構いません。

その時、絶対に真上からかけないでください。嘔吐した人が感染症の病気を持っていた場合、処理した人が菌を吸い込んでしまいます。霧状の液体を吹きかけるのも、飛びやすいのでNGです。

周りをやわらかくしてから、要らないタオルなどを被せて包んで、それごと捨てます。その後、何回も拭いて、必ず消毒します。

処理には手袋を使い、終わったらその手袋も捨てます。

寝ている時に嘔吐した場合、汚れたシーツを処分できないなら、浴室へシーツごと持っていき、シャワーで異物を洗い流します。換気も忘れずに行ってください。

45

壁、天井の汚れ

料理をしたりたばこを吸ったりした時に出る煙は、油やヤニを含んでいます。また空気の流れにのって、ホコリも漂っています。それらが壁や天井など当たったところに付着していき、汚れとなります。

少しずつ付着していくので、最初のうちは気づきません。目でわかる時には、かなり汚れが進んだ状態です。**できれば、暮らし始めた時に、部屋の写真を撮っておくといいですね。**最初の状態がわかります。家具類を置くと見えなくなりがちな通気口の位置や数なども、忘れず把握しておくことができます。

壁の汚れは、正面から見ると見つかりません。汚れを確認する時は必ず、横から見るようにします。少し離れたところから斜めに見る感じで、壁に沿って視線を下から上へ移動させてみてください。じっと見ているうちに、「ここは光っているけど、向こうの奥は曇っているな」など、ホコリがあるのが見えてくるでしょう。わからない時は、触って確かめましょう。

テレビを置いたところの後ろの壁は、特にホコリがたまりやすく、こまめに掃除したい場所です。わが家は壁紙を貼ったボードを一枚用意して、テレビの後ろに立てかけています。そうすれば、普段の掃除は、ボードにたまったホコリを取ればOK。テレビを移動させずに済みます。

壁紙が一般的なビニールクロスの場合は、水や洗剤を使うことができます。ヤニによる汚れは、食器用洗剤、または弱アルカリ性洗剤を使って落としましょう。ただし、洗剤成分が残っていると変色してしまうことがあるので、その後に水拭き・乾拭きをしてください。

紙や織物のクロスの場合は、乾いたタオルでホコリをはらう程度にします。目立つ汚れは消しゴムを使って落とせるかどうか、目立たない部分で試してみてください。

46

ペットの汚れ

室内でペットを飼っている場合は、頻繁に換気することが必要です。

鳥類やハムスター、ウサギなどの小動物、昆虫類などを室内でケージの中に入れて飼っている場合も同様です。また、きちんと管理しないと、自分にもペットのにおいがついてしまいます。

ケージは、浴室で丸洗いするのが難しい場合は、水で濡らして固く絞ったタオルで側面や底面を拭いて毛やホコリを取り除いたあと、重曹水を含ませたスポンジで全体を拭いて、水拭き、乾拭きをします。

犬や猫のトイレは、シートや砂を取り替える時に、底をペット用の除菌剤で拭き取ります。砂は、目に見えない汚れもあるので、ときどき屋外で干すとよいでしょう。

給水器は、ホコリを取り、口にする部分をこまめに拭きます。

ペットの安全のため、洗剤は天然素材のものを選び、拭いたあとは必ず水拭き、乾拭きをして洗剤を残さないようにします。また、除菌剤はペット用のものを選びます。

特に、犬や猫の場合は、毛とよだれがよく落ちるので、その2点に気をつけてください。

なかでもベッドとキャットタワーは毛がつきやすいため、ブラシと掃除機の両方を使って、こまめに取り除きます。表示を見て、洗濯機で洗える物はネットに入れて洗います。ベッドは、中に入っている綿がずれやすいので手洗いします。浴槽に浸け置きして洗うのもいいですね。

よだれはおもちゃやリード、ハーネスなどにつきやすく、においの原因になります。**重曹水、または洗濯洗剤液に浸け置きし、手洗いしましょう。**

リードは金属の部品も含んでいるため、さびやすいので気をつけてください。ドライヤーを冷風にして、金具の下や縫い目の奥などもしっかり乾かします。

室内の壁にもよだれはつきます。犬や猫が届く範囲を確認し、その高さまで掃除してください。例えば、テーブルより上にあげないようにしている場合なら、テーブルの高さまでを掃除します。水で濡らして固く絞ったタオルで拭いたあと、重曹水を含ませたタオルで再度拭いて、水拭き、乾拭きをします。


普段から、犬や猫の口まわり・足・お尻をこまめに拭いて、清潔に保つことが大切です。散歩などをして外から帰ったら、ペットの足を洗い、ぬるま湯で濡らして固く絞ったタオルで全身を拭いてあげて、外部の菌を家の中に持ち込まないようにします。

今はアルコールで手を消毒することが増えていますが、ペットには強すぎる場合があります。ペットは飼い主の手に触れたり、なめたりしますよね。帰宅後、自分の手をアルコール消毒したら水かお湯で流すなど、ペットへの刺激に配慮してあげてください。また、ペットを洗う時は、ペット用のシャンプーやリンスを使うようにしましょう。

「ペットは、自分の家族、子どものような存在」。ハウスクリーニングの仕事をしていると、そう話す飼い主さんと多く出会います。よく観察して、ペットにとって居心地のよい環境をつくってあげてください。

ペットの汚れの掃除法

以下に気をつける

1 こまめに換気を

2 洗剤は天然のものを使う

3 毛はこまめに拭き取る

4 ベッドなど洗濯機で洗えないものは
浸け置きし、手洗いする

5 普段から口まわり・足・お尻を
こまめに拭く(犬や猫など)

47

汚れが苦手な人の掃除法

汚れが苦手な原因として考えられるものに「アレルギー」「アトピー」「ぜんそく」などがあります。**アレルギーやアトピー、ぜんそくなどの原因はさまざまですが、基本的な対策として、きちんと掃除をして、身のまわりを清潔に保つことが大事です。**

テーブル、床などを拭いて、ホコリを取り除きます。室内はよく換気してください。

ダニにアレルギーがある人は、掃除機は性能がよいものを選びましょう。各パーツをきれいに保つなど、使ったあとのお手入れも大切です。

わが家では、使用後に吸込口をテープでふさいで吸い込んだダニが出てくるのを防いだり、掃除機の紙パックの中に少量の重曹を入れて排気のにおいを抑えたりしています。

また、アトピーの人は、皮膚の表面に傷があると細菌やウイルスが侵入しやすくなります。掃除の時に手袋を使うなど、しっかり保護してください。使う洗剤は、重曹やクエン酸など、できるだけ体にやさしく、安全性の高いものを選びましょう。

48

布団を干せない場合

布団は、ずっと敷いたまま使っていると、湿気がたまってしまいます。

浴室に乾燥機能がついていて、洗濯物などが干せるようになっている場合は、そこで布団の殺菌、乾燥ができます。

そのような機能がなく、どうしても外干しが難しい場合は、布団を脚立の上にかけて置いておくだけでも、布団全体に空気を通すことができます。扇風機を回すと、より効果的です。

わが家はベッドを使っていますが、朝起きたらベッドカバーと掛け布団を足下のほうに折っています。上半身に汗をかきやすいので、布団の上部を乾かすためです。

最近は、コインランドリーで布団の丸洗いや乾燥が手軽にできるほか、クリーニング店、布団の乾燥・消毒を専門に行っている業者を利用する方法もあります。

49

高所や狭くて手が届かないところの掃除法

天井や壁など高いところ、狭くて手の届かないところは、ポール（柄）付きの道具を使って掃除をするとラクです。脚立を使うより安全に作業できます。

私もハウスクリーニングの仕事で、キッチンの上の棚、高所の窓、浴室の天井などを掃除する時に使っていて、とても便利なのでおすすめです。また、床などの低いところも腰をかがめずに作業できます。

ポールはいろいろなタイプがありますが、ヘッド部分が取り替えられるものがコンパクトに収納でき、おすすめです。拭き作業には、乾式モップやタオルなどを取り付けて使います。

壁を拭く場合は、高いところを拭く時と低いところを拭く時でポールの向きを反転させて使います。壁に対して横向きに立ち、ポールを上下にスライドさせて拭きます。床を拭く場合は、まっすぐ前方へ進みながら拭いてください。常に一方向に動かします。天井を拭く場合は、遠くから手前へ引くようにします。

片手でポールの先端部分を持ち、もう片方の手は上から握るようにして支え持ちます。そうすることにより、体重をかけて拭きやすくなります。

ただし、天井を拭く場合は、重心が前に傾くと倒れやすいので、支えるほうの手を逆手にして持ってください。いずれも、手だけでなく全身のバネを利用すると、ラクに動かせます。

脚立を使う時は、床などを養生したうえで平らな場所に置き、一段目に片足をのせ、グラつきがないか確認してからのぼりましょう。

部屋をまんべんなく掃除するにはポールや脚立が必要ですが、そこまで徹底しなくてもＯＫです。

例えば、手が届かない高いところは5年に1回、業者に依頼して掃除しても

らってもいいと思います。時間に余裕のない人や高齢者、体に不安のある人など、自分がケガをしてしまう可能性を考えれば、数年に1回なら、少し費用がかかっても高くはないのではないでしょうか。

清掃のプロでも、階段や高いところの作業中に、転落などの事故で毎年亡くなっている人がいます。絶対に無理をしないようにしてください。

私は掃除以外でも、脚立にのぼる回数を減らすため、家の電球や蛍光灯は、最初にそれぞれのワット数や種類などをメモして、替えの予備を用意しておき、交換する時は一度に取り外しと取り付けができるようにしています。

小さな工夫で安全性をアップできます。自分の体を大切に、しっかり守ってください。

高所や狭くて手が届かないところの掃除法

ポール（柄）付きの道具　　**脚 立**

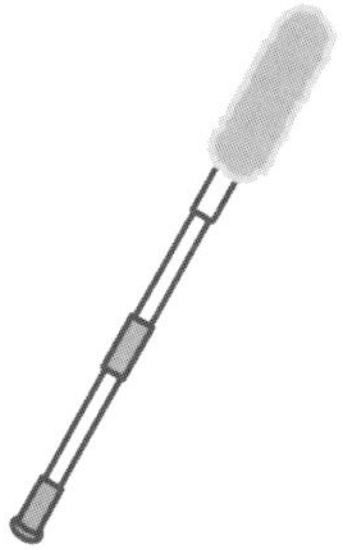

ポール（柄）付きの道具を使うほうが脚立より安全に作業できる

■脚立の注意点

1. 平らな場所に置く
2. 養生する（キズ・汚れ・ケガ防止）
3. グラつきがないか確認する

※ただし、高所作業は危険なので、
無理せずプロに頼むことも考える

50

重いものが持てない

掃除や片付けには、物を移動させる作業がつきものです。

自分の体の使い方を考えずに重いものを持つと、足腰を痛めてしまいます。

「このくらいできるよ」と考えがちな、力に自信のある人ほど要注意です。

物を持つ時にはコツがあります。

まず、体の重心の位置を意識します。そして、自分の体重と物を同時に移動させながら、物を持ち上げて運びます。物を下ろす時も、いきなり置くのでなく、一方の足からもう一方の足へ体重を移動させ、体が安定してから下ろします。

体は一つしかありません。無理してきたことが、後の自分に返ってきます。

私もこの歳になって、だんだん腰が痛くなってきました。

若い時に、体のことを考えることなく、毎日十数本のモップを一度に抱えて運んだり、40kg近い機械を持って階段を上ったりしていました。何年間も無茶なやり方で作業していた時のツケが、後になって現れてきたのだと思います。

掃除や片付けは、腰はもちろん、手足もよく使います。疲れにくいやり方を考えたり、作業後にマッサージをしたりすることが大切です。体にかかった負担は、若い時は眠ればある程度回復できても、年齢を重ねるとそうはいきません。

例えば、壁を拭く時は指先を上にして拭いていきますが、低いところを拭く場合は指先を下にして手の向きを逆さにして拭くと、しゃがまずにラクに拭けます。このやり方のほうが、拭き残しができにくく手早く作業できます。それによって体の負担が減り、休憩時間も長く取れるようになります。

自分の体にやさしい工夫をたくさんしてほしいなと思います。

51

使っていない物の整理

すぐに使わずにしまっておいた物は、しばらく経つと忘れてしまいがちです。自分で買った物はまだしも、結婚式の引き出物やお葬式の香典返しなど、大事にしまってそのまま……ということはありませんか。

わが家は、すぐに使わない物の置き場所を決めて、年に一度、大掃除の時にチェックしています。

バスタオルやシーツ類など、しまっておいた物を下ろして使おうと決めたら、それをすぐ洗濯して、これまで使っていた物はその場でカットし、掃除用の布にします。

シーツはいろいろな物のカバーとしても使えます。布団カバーは半分に切って、バッグなどを入れる袋代わりにもなります。私はシーツやカバーの生地を再利用して、ぬいぐるみの服づくりを楽しんでいます。

わが家の場合は、使っていない食器類がたくさんあります。新しいもののほか、亡くなった義父母から譲り受けたものがあって、捨てられずに全部取ってあります。

「最近サラダをよく食べるから、このお皿を下ろそう」
「しばらく使ったら、そのあとまた戻そう」
というふうに、年に一度、使う食器を入れ替えています。食器が変わると、気分転換になりますよ。

お義父さんのお猪口コレクションは、ときどき一輪ざしにして使っています。そうすると、「あの時、これを使っていたな」と、その人のことを思い出せます。

52 使っていない部屋がある

使っていない部屋の例として、子どもたちが家を出る時などに、いらない物を部屋に残していくことがあります。**処分していい物かどうか判断できない場合は、子どもに聞いて整理しましょう。**

一人でやるのは大変です。子どもに頼めなければ、業者に頼んで、物を仕分けたり、運んだりするのを手伝ってもらいましょう。

専門のスタッフは慣れていますし、横で作業の様子を見守れるので安心です。予算や体力、一日の作業時間を考えて、場所を分けながら進めていきます。

とにかく自分一人でやらないこと。年齢にかかわらず、そのほうが効率もよく、自分にもやさしいと思います。

全部をただ処分するのでなく、捨てる物と残す物とを判断し、まだ使える物、消耗品などは、使いやすいところへ移します。スタッフの人と一緒に作業すれば、何をどこにしまったかわかりますし、引き出しや箱に、入れた物の名前やイラストを書いておくのもおすすめです。

部屋が多い場合は、各部屋で物を置く高さを揃えるといいですね。取り出しやすくてラクだと思います。

また、高齢の人の場合、たくさん部屋がある家に住んでいても、一部屋しか使っていないことが多いと思います。それでも一度、すべての部屋をひととおり整理する必要があります。

その後、子どもたちが家に帰ってきた場合にも、そのほうが使いやすいでしょう。「あれ、そんな物がうちにあったんだっけ？」ということが、ないようにしたいですね。

53

テレワークなどで家に長くいることにより起きること

近年はオンラインにより、自宅で仕事をする人が増えていると思います。**家にいる時間が長くなると、その分、家の中も汚れやすくなります。**

私は、時間がたっぷりある時は、朝起きて目に入った物、例えば窓のカーテンだったら、「今これを洗っておくと、大掃除の時にやらなくて済んでラク！」という感じで、プラスアルファのことをやっています。

家で長く過ごすことによって、見えてくることや気づくことも増えていると思います。一日一つ、それを行動につなげていくと、だんだんと住み心地がアップし、達成感も得られます。窓の網戸をひと拭きしたり、エアコンや換気扇のホコリをサッと取り除くだけで、空気も気持ちも新鮮なものに変わります。

54

高齢になり、掃除がきつい

腰に痛みが出てきたり、膝が曲がりにくくなったり、だんだんお腹も出てきて、しゃがむのが苦しくなったり……。年齢を重ねると、掃除をすることが大変になってきます。

ポールを活用すると、腰や膝の負担を減らせます。また、低いところはしゃがまず、床に座って作業するなど、ラクな姿勢で安全に掃除できるよう工夫していきましょう。

掃除中、腰ベルトをつけるのもおすすめです。腰が痛くなってからではなく、その前から予防として身につけておきます。

高齢になると、体を動かすことがおっくうになりがちですが、動かさないでいると、次第に動けなくなってしまいます。また、視力や嗅覚も衰えてきますが、「汚れが見えづらい」「においがわからない」イコール「掃除をしないでいい」とはなりません。

掃除をすることが、健康管理にもつながります。

例えば、月曜日は手すりまわり、火曜日はキッチンのまわりなど、「1週間に1度、◯◯を掃除しよう」というルールを決めておくといいですね。やることを時間で区切ったり、場所で区切ったりして、どこか一つは必ず掃除して、体を動かすようにしていきます。

「私は今日、家の◯◯を掃除しましたよ」と、ほかの人におしゃべりするのもいいですね。自慢でいいんです。それによって、またやる気が出てきます。

掃除することによって、運動し、居場所がキレイになり、楽しく人に伝えられる話題もできます。

ペットを飼っている人は、かわいがっているペットのために、掃除を欠かさないようにしようというのもいいと思います。ペットのために掃除するというのもいいと思います。

犬や猫は寿命が短いから、1日でも長く一緒にいるために掃除をしてキレイにする。それがまた、自分のためでもあり、ペットのためでもあり、ほかの人のためでもあります。

55

掃除で忘れがちな箇所

私は今、ハウスクリーニングの事業を行っているのですが、そこで家を訪問した時に、掃除をあまりされていない箇所に気づくことがあります。

・キッチン……調理台と引き出しの境目、そのフチの裏
・トイレ……タンク下の金属パイプ
・化粧室……洗濯機まわりと排水口
・寝室……ベッドまわり
・窓……サッシの溝
・玄関……ポストの中。一戸建ての家の場合、外の玄関。表札（心をこめて毎日

拭いてください）

・ベランダ……排水口

何かと何かの間、隙間部分のようなところの掃除が忘れられがちで、そこにホコリがたまっています。

特にサッシの溝は、結露が出て、カビや虫も出やすい場所です。長く放置していると、ゴミがたまってスムーズな開け閉めができなくなることもあります。せめて内側は拭いてください。

コロナ禍に、ハウスクリーニングの依頼で多いのは、キッチンや浴室、トイレなどの水まわりの掃除です。家にいる時間が長くなったことによって、汚れやすくなっているようです。

56

用具の手入れ

用具を洗う時に使う洗剤は、洗濯用洗剤、または、その用具で掃除していた時に使った洗剤でＯＫ。また、使った洗剤の容器も洗う習慣をつけてください。底部分のベタつきを防げます。

【タオル】

頑固な汚れがついている場合は、洗濯洗剤で一日浸け置きして洗うと落ちやすいです。綿タオルは、定期的に柔軟剤を使って洗う。使い込み、かたくなってしまったら、玄関やベランダの掃除用に回します。

【スポンジ】

使用後、食器用洗剤や洗濯用洗剤で洗い、乾いたタオルではさんで水気を絞って干します。定期的に塩素系漂白剤などで消毒することも必要です。

【ブラシ】

使用後、洗って干します。トイレ用ブラシも、便器を洗ったあとに、便器内でトイレ用洗剤を使って洗い流し、ベランダなどで外干ししてよく乾かします。

【掃除機】

使用後、吸込口にテープを貼って、雑菌やダニ、ペットを飼っている場合はノミなどが出てくるのを防ぎます。特にフィルターは雑菌が増えやすいので、予備を買ってこまめにお手入れを。洗濯洗剤を入れたぬるま湯に浸け置きしたあと、押し洗いし、直射日光を避けて干します。ネットに入れて干すと、風に飛ばされずに済みます。外せるパーツも同様に浸け置きし、洗って乾かし、本体は、洗える箇所は洗って粉塵を取り、除菌剤を使って拭きます。

【ホコリ取り】

掃除機でホコリを吸い取ったあと、洗濯用洗剤を入れたぬるま湯の中で、手の平で揉むようにして洗います。そのまま10分浸け置きしたら、もう一度揉み洗いしてすすぎ、軽く絞る。乾いたタオルで水分を取ったあと、吊るして干し、吊るせないタイプはネットに入れて干します。

【マイクロファイバークロス】

ほかの物と一緒に洗うとゴミがついてしまうので、洗濯機でほかの物と洗う場合は、網目が細かく二重になったタイプの洗濯ネットに入れます。

【スクイージー】

床用・窓用とも、使用後はスポンジを使って水で洗い流します。ゴムの部分が劣化しやすいため、直射日光を避けて干します。

【ゴム手袋】

トイレ用とその他用は、色分けして使い、洗う時も別に分けること。洗濯洗剤で手洗いする。裏側も皮脂から雑菌が増えやすいので表裏両面を洗います。その時に穴あきがないかチェックしてください。干す時は裏表にし、中指の先を洗濯ばさみなどでとめ、袖口を開いて空気が通るようにします。乾いたら、裏表を元に戻し、手の平側を合わせて半分に折ったあと、さらに三つ折りにし、袖口を裏返して全体を包むようにすると保管しやすいです。

【その他】

洗面器やバケツの黒ずみは、50℃のお湯で温めたあと、濡らして水気を絞ったメラミンスポンジに水をふくませて洗濯用粉石鹸をつけてこすり洗いをすると落ちやすい。浴室のイスもこの方法できれいに。

おわりに

本書でお伝えしたことは、私の視点、経験からのアドバイスです。そのため、あらゆる人にとって万能ではないかもしれません。

自分に合ったものを取り入れながらも、「自分はこう思う」「こうするとどうかな?」といったアイデアがあったら、ぜひ実行してみてください。

まずはやってみること。

苦手でも、自信がなくても、「とりあえずやってみないと、できるかできないかわからない」。いろいろな折にその言葉を、私は自分に投げかけています。

実際に動いてみると、初めてわかることが何か見つかります。

ほんの少しずつでも動き続けていくうちに、だんだん自分自身の癖のようなものがわかってきます。そして、それに合わせて工夫することの楽しさにも出会えるようになっていきます。

私は自分に合ったやり方で、家の掃除や片付けに取り組めるようになってから、仕事や生活においても、スケジュールや段取りをきっちり組んで対応できるようになりました。

まずやってみる。それで思うようにいかなくても、できなかったことを一つずつクリアしていく。ほんの少しずつでも、自分なりに考えながら、試しながら動き続けていけば、着実に前へ進んでいくことができます。

掃除や片付けについて悩んだり困ったりしている人に、この本が大切な一歩をお手伝いできたら幸いです。

2021年8月

新津春子

著者紹介

新津 春子（にいつ・はるこ）

日本空港テクノ株式会社所属。

1970年中国残留日本人孤児二世として、中国瀋陽に生まれる。中国残留日本人孤児であった父の薦めによって一家で渡日。言葉がわからなくてもできるという理由で清掃の仕事を始めて以来、今日まで清掃の仕事を続けている。95年、日本空港技術サービス（現：日本空港テクノ）に入社。97年に（当時）最年少で全国ビルクリーニング技能競技会一位に輝く。

以降、指導者としても活躍し、現在は羽田空港第一、第二、第三ターミナルの清掃の実技指導に加え、同社ただ1人の「環境マイスター」として、羽田空港全体の環境整備に貢献する。2018年には、羽田空港で培った清掃品質を家庭に届けたいという思いから、ハウスクリーニングの新規事業「ハウスクリーニング 思う心」を立ち上げる。20年には、「掃除の楽しさ」や「掃除方法」など、さまざまな掃除関連の情報を発信するYouTubeチャンネル「新津春子のやさしいお掃除チャンネル」を開設する。

1か月に1回物を動かせば家はキレイになる

2021年9月13日 第1刷発行

著者―――――― 新津 春子
発行者――――― 千葉 均
編集―――――― 大塩 大
発行所――――― 株式会社ポプラ社
〒102-8519 東京都千代田区麹町4-2-6
一般書事業局ホームページ www.webasta.jp

印刷・製本 中央精版印刷株式会社

N.D.C.597/191P/19cm ISBN978-4-591-17120-2

P8008353